Stefan Bursch

Mathe-Abi Baden-Württemberg 2017

www.mathe-abi-bw.de

© 2016 Stefan Bursch

Herstellung und Verlag: BoD - Books on Demand, Norderstedt

ISBN: 9783741283932

www.mathe-abi-bw.de
info@mathe-abi-bw.de

Vorwort

Zwei erfolgreiche Abiturprüfungen und die Buchreihe "Mathe-Abi Baden-Württemberg" - das sind die Ergebnisse unseres gemeinsamen Vater-Tochter-Projekts.

Als Autor dieses Buches habe ich bereits 1982 meine Abiturprüfung abgelegt. Anschließend studierte ich Elektrotechnik an der Technischen Universität in Braunschweig und „Space Systems Engineering" an der Technischen Universität in Delft (Niederlande).

Seit 1990 bin ich als Ingenieur in der Raumfahrtindustrie beschäftigt und habe an mehreren Erdbeobachtungs- und Forschungssatelliten mitgearbeitet. Nebenbei konnte ich Erfahrungen als Dozent an der Hochschule Ravensburg-Weingarten sammeln.

Inzwischen rückte das Abitur meiner älteren Tochter Franziska immer näher. Allerdings zählte Mathematik nicht gerade zu ihren Lieblingsfächern. Nachdem wir uns einen Überblick über die Abiturprüfung verschafft hatten, entwickelten wir erst einmal einen Trainingsplan. Dann wagten wir uns recht schnell an die Aufgaben aus den Abiturprüfungen der vergangenen Jahre. Hierbei notierten und ordneten wir hilfreiche Formeln und ergänzten diese mit Zeichnungen und Lösungswegen. Im nachfolgenden Jahr machte meine jüngere Tochter Nicola ihr Abitur. Der Trainingsplan wurde überarbeitet und die bestehende Zusammenfassung mit vielen Erklärungen und Beispielen erweitert.

So entstand kapitelweise unser erstes Buch **Mathe-Abi Baden-Württemberg**, welches sich im Freundes- und Bekanntenkreis immer mehr verbreitete. Dieses Buch beinhaltet eine strukturierte Zusammenfassung aller der in Baden-Württemberg prüfungsrelevanten Themen aus den Bereichen Analysis, Geometrie und Stochastik.

Anschließend entstand unser Buch **Mathe-Abi Baden-Württemberg - Prüfungsaufgaben mit Musterlösungen.** Es enthält die Aufgaben aus dem Pflicht- und Wahlteil früherer Abiturjahrgänge mit ausführlich erklärten Musterlösungen.

Wir hoffen, dass unsere Bücher noch vielen zukünftigen Abiturienten bei ihrer Vorbereitung auf die Abiturprüfung in Mathematik helfen werden.

Natürlich können unsere Bücher noch verbessert werden. Für Rückmeldungen (bitte per Email an info@mathe-abi-bw.de) sind wir dankbar. Trotz sorgfältigem Korrekturlesen übernehmen wir keine Haftung für Fehler.

Salem im August 2016,
Stefan Bursch

www.mathe-abi-bw.de

Homepage zum Buch

Zu unserem Buch gibt es auch eine Homepage (www.mathe-abi-bw.de) mit zusätzlichen Tipps zur richtigen Vorbereitung auf die Abiturprüfung in Mathematik.

Bericht im Südkurier "Trainingsplan wird zum Mathe-Buch", Bild: Sandra Hauser

Zwei erfolgreiche Abiturprüfungen und die Buchreihe "Mathe-Abi Baden-Württemberg" - das sind die Ergebnisse unseres gemeinsamen Vater-Tochter-Projekts. Als Vater und Autor habe ich bereits 1982 meine Abiturprüfung abgelegt. Anschließend studierte ich Elektrotechnik an der Technischen Universität in Braunschweig und "Space Systems Engineering" an der Technischen Universität in Delft (Niederlande).

Insbesondere empfehlen wir, einen Trainingsplan zur Vorbereitung auf das Abitur zu verwenden. Auf unserer Homepage stellen wir daher einen Plan als Download zur Verfügung, der individuell angepasst werden kann.

Zur Berechnung der Abiturnote in Baden-Württemberg befindet sich auf unserer Homepage weiterhin ein Abi-Rechner.

Inhalt

1	VORBEREITUNG	7
1.1	Prüfungsaufbau	7
1.2	Trainingsplan	11
2	ANALYSIS	18
2.1	Rechenregeln	18
2.2	Funktionen	24
2.3	Differenzieren	35
2.4	Monotonie und Krümmung	37
2.5	Nullstellen, Extrempunkte und Wendepunkte	39
2.6	Zusammenhang von Funktion, Ableitung und Stammfunktion	41
2.7	Tangente und Normale	44
2.8	Funktionenschar und Ortskurve	45
2.9	Integrieren	47
2.10	Differenzialgleichungen und Wachstum	56
3	GEOMETRIE	59
3.1	Rechenregeln	59
3.2	Lineare Abhängigkeit, lineare Gleichungssysteme	62
3.3	Gerade und Ebene	64
3.4	Übersicht – Lage, Abstand, Winkel und Spiegelung	71
3.5	Gegenseitige Lage	72
3.6	Abstand	84
3.7	Winkel	93
3.8	Spiegelung	95
4	STOCHASTIK	99
4.1	Baumdiagramme	99
4.2	Bernoulliformel und Binomialverteilung	107
4.3	Hypothesentest	116
5	TASCHENRECHNER	120
5.1	Grundlagen	120
5.2	Graphikfunktionen	124
5.3	Weitere Funktionen	131
5.4	Beispiele	136

Übersicht

1 Vorbereitung

1.1 Prüfungsaufbau

Die Abiturprüfung in Mathematik besteht aus folgenden Teilen:
- Pflichtteil
- Wahlteil Analysis
- Wahlteil Geometrie
- Wahlteil Stochastik

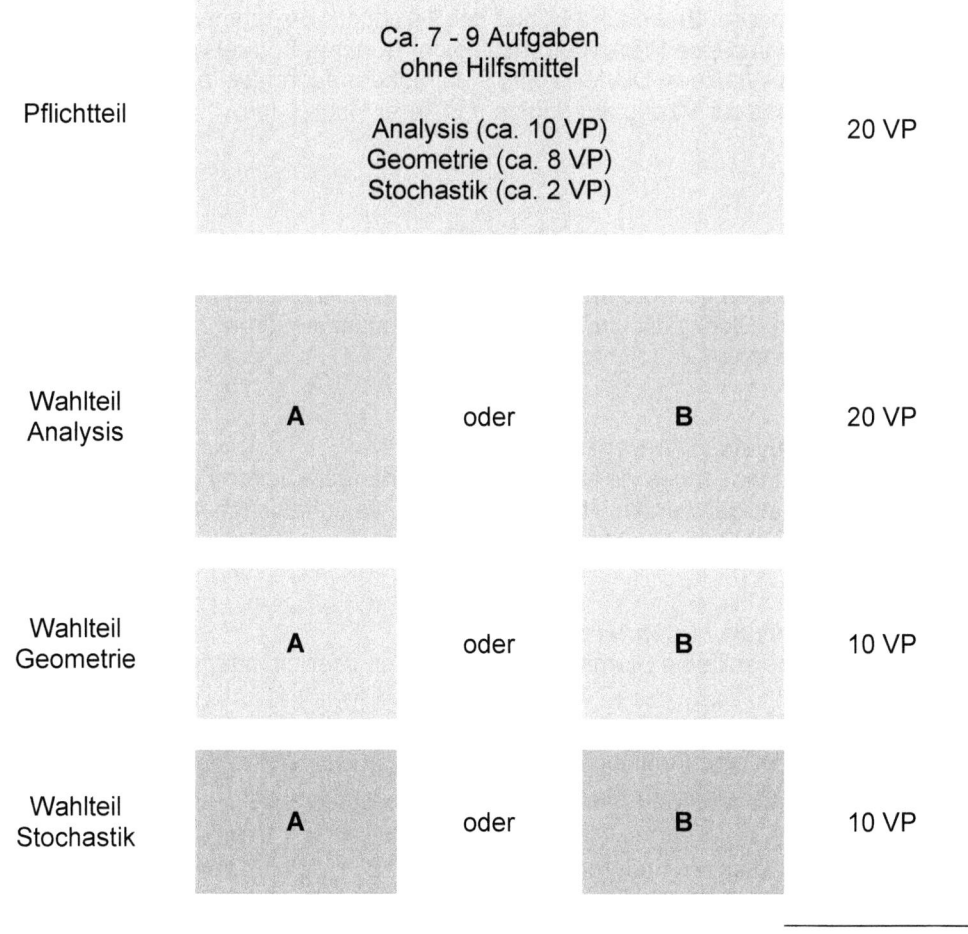

∑ 60 VP

Der Pflichtteil umfasst wie in den vergangenen Jahren die drei Sachgebiete Analysis, Geometrie und Stochastik. Hierbei besteht keine Auswahlmöglichkeit für den Lehrer. Der bisherige Charakter von kleineren, eigenständigen Aufgaben bleibt erhalten.

Im Wahlteil werden ebenfalls alle drei Sachgebiete abgedeckt. Zu jedem dieser Sachgebiete gibt es zwei Aufgabenvorschläge (A oder B), von denen der Lehrer jeweils einen für die Abiturprüfung seines Kurses auswählt. Die bisherige Koppelung der Wahlteilaufgaben in Geometrie und Stochastik wird aufgehoben.

Die gesamte Prüfungszeit beträgt 270 Minuten. Zu Beginn der Prüfung erhält der Schüler alle Abituraufgaben aus dem Pflichtteil und dem Wahlteil. Im Pflichtteil sind keine Hilfsmittel zugelassen. Erst nach Abgabe des Pflichtteils bekommt der Schüler den Taschenrechner und eine Merkhilfe (anstelle der früheren Formelsammlung) zur Bearbeitung des Wahlteils. Die Merkhilfe steht auf der Internetseite des Kultusministeriums zur Verfügung (Link auf unserer Homepage).

Pflichtteil

Da sich der Aufbau des Pflichtteils in den vergangenen Jahren kaum geändert hat, können die Aufgaben gut vorbereitet werden. In der Abiturprüfung 2013 sind die beiden letzten Aufgaben (Stochastik und Allgemeines Verständnis) ergänzt worden. Mit folgenden Aufgaben ist zu rechnen:

Aufgabe 1: Analysis / Differenzieren
In der ersten Aufgabe muss die erste Ableitung einer gegebenen Funktion (z.B. $f(x) = (\sin(x) + 7)^5$) gebildet werden. Hierzu werden die verschiedenen Ableitungsregeln benötigt.

Aufgabe 2: Analysis / Integrieren
In dieser Aufgabe soll eine Stammfunktion bestimmt oder ein Integral ausgerechnet werden.

Typischerweise ist eine Funktion angegeben (z.B. $f(x) = 2e^{4x} + \frac{3}{x^2}$), deren Stammfuktion mit Hilfe der verschiedenen Aufleitungsregeln zu bestimmen ist.

Alternativ hierzu kann ein Integral gegeben sein (z.B. $\int_0^1 (2x - 1)^4 \, dx$), welches ebenfalls mit Hilfe der Aufleitungsregeln und dem Hauptsatz der Integralrechnung zu berechnen ist.

Übersicht

Aufgabe 3: Analysis / Gleichungen lösen
Nach dem Ab- und Aufleiten soll jetzt eine Gleichung gelöst werden. Häufig kann die angegebene Gleichung zuerst durch Termumformungen oder durch Substitution in eine quadratische Gleichung umgeformt werden (z.B. $4e^{2x} + 6e^x = 4$). Zur Lösung der quadratischen Gleichung benötigt man die Mitternachtsformel.

Andere Aufgaben lassen sich durch Termumformungen und den Satz vom Nullprodukt lösen (z.B. $\sin(x) \cdot \cos(x) - 2\cos(x) = 0$).

Aufgabe 4: Analysis / Kurvendiskussion
Diese Aufgabe kann verschiedene Bereiche der Kurvendiskussion beinhalten. Typischerweise sind dieses Fragen zu den Themen:
- Schnitt- oder Berührpunkte
- Tangente oder Normale
- Asymptoten
- Nullstellen, Extrempunkte und Wendepunkte
- Funktionsbestimmung mit gegeben Bedingungen (z.B. Funktion n-ten Grades, "schneidet", "berührt", "besitzt Hochpunkt in H(x|y)")

Aufgabe 5: Analysis / Eigenschaften von Funktion
In der letzten Analysis-Aufgabe im Pflichtteil geht es um Funktionen und deren Eigenschaften. In den Fragestellungen geht es häufig um den Zusammenhang zwischen Funktion, Ableitung und Stammfunktion und den entsprechenden Graphen. Beispielsweise soll von einer Nullstelle in der Ableitung auf Extrempunkte der Funktion bzw. auf Wende- oder Sattelpunkte der Stammfunktion geschlossen werden. Seit dem Jahr 2013 ist auch mit erweiterten Verständnisaufgaben (z.B. Eigenschaften von ganzrationalen Funktionen) zu rechnen.

Aufgabe 6 und 7: Geometrie
Am häufigsten sind Aufgaben, in denen die gegenseitige Lage oder der Abstand von Geraden und Ebenen untersucht werden muss. Weiterhin können Ebenengleichungen gegeben sein, deren Lage im Koordinatensystem veranschaulicht werden soll (Spurpunkte) oder umgekehrt. Ebenfalls wahrscheinlich sind Aufgaben zu linearen Gleichungssystemen, deren Lösungsmenge geometrisch interpretiert werden muss.

Aufgabe 8: Stochastik
Hier ist mit den Themen Baumdiagramme und Pfadregeln, Binomialverteilung sowie Erwartungswert zu rechnen.

Aufgabe 9: Allgemeines Verständnis
In dieser Aufgabe geht es um das allgemeine Verständnis eines Problems aus den Bereichen Analysis, Geometrie oder Stochastik und dessen Lösung. Meistens reicht es aus, den Lösungsweg zu beschreiben. Rechnungen sind in der Regel nicht notwendig.

Wahlteil

Auch im Wahlteil lassen sich Aufgaben-Schwerpunkte erkennen, die in den vergangenen Jahren immer wieder abgeprüft wurden. Die Schwerpunkte in Analysis, Geometrie und Stochastik sind:

Analysis
- Gebrochen-rationale Funktionen
- Trigonometrische Funktionen
- e-Funktionen
- Allgemeines und beschränktes Wachstum

Geometrie
- Geometrische Körper (häufig Pyramide)
- Sonstige Anwendungen

Stochastik
- Baumdiagramme
- Bernoulliformel und Binomialverteilung
- Hypothesentest

1.2 Trainingsplan

In diesem Kapitel wird ein Trainingsplan vorgestellt, der sich als Grundlage für eine individuelle Planung eignet. Dieser Trainingsplan untergliedert sich in vier Teile (Vorbereitung, Pflichtteil, Wahlteil, Wiederholung) und umfasst insgesamt 18 Trainingseinheiten (Nr: V, 1-16, W). Die Zeitdauer für eine Trainingseinheit ist abhängig von den individuellen Vorkenntnissen und natürlich von der persönlichen Motivation. Ein durchschnittlicher Schüler sollte spätestens zum Jahreswechsel mit der Vorbereitung beginnen.

Teil 1: Vorbereitung

Die beste Vorbereitung für das Abitur in Mathematik ist das Üben mit Abituraufgaben aus den vergangenen Jahren. Es ist also notwendig, sich die Abituraufgaben der vergangenen Jahre zu besorgen.

Darüber hinaus werden vom Kultusministerium Baden-Württemberg Informationspapiere herausgegeben, in denen der Aufbau und die Schwerpunktthemen beschrieben werden (Landesbildungsserver Baden-Württemberg, www.schule-bw.de).

Mit diesen Aufgaben und dem im vorangegangenen Kapitel beschrieben Aufbau der Abiturprüfung kann man sich schon einen recht guten Überblick verschaffen.

Als nächstes sollte man sich einen individuellen Trainingsplan zur Vorbereitung auf das Mathe-Abitur erstellen. Dieser Plan sollte realistische Termine beinhalten und dabei auch die Vorbereitungen für die anderen Fächer berücksichtigen. Darüber hinaus sollte man nicht vergessen, dass vor der Abiturprüfung auch noch reguläre Klausuren geschrieben werden.

Weiterhin ist es sinnvoll, sich die grundlegenden Rechenregeln (Kapitel 2.1, Rechenregeln) schon einmal anzuschauen.

Teil 2: Pflichtteil

Der Pflichtteil umfasst nahezu den gesamten Themenbereich für das Mathe-Abitur. Da die Aufgaben im Pflichtteil in der Regel einfacher als die Aufgaben im Wahlteil sind, sollte man mit dem Vorbereiten des Pflichtteils beginnen.

Hierbei empfiehlt es sich, die Pflichtteile der vergangenen Jahre themenweise zu üben (d.h. zuerst die Aufgaben 1 der letzten Jahre, dann die Aufgaben 2 usw.). Als Einstieg in die verschiedenen Themen dienen die entsprechenden Kapitel in diesem Buch.

Erst wenn sich eine gewisse Routine einstellt und natürlich auch als Wiederholung vor der Prüfung sollten die Pflichtteile vergangener Jahre vollständig gelöst werden.

Teil 3: Wahlteil

Nach der Vorbereitung des Pflichtteils kann man sich jetzt an den in der Regel schwereren Wahlteil wagen. Auch beim Wahlteil sollten die Aufgaben der vergangenen Jahre themenweise geübt werden.

Teil 4: Wiederholung

Kurz vor dem Abitur sollten einige Abiturprüfungen vollständig bearbeitet werden. Hierbei geht es auch darum, ein Zeitgefühl für die Prüfung und insbesondere für die Dauer des Pflichtteils zu entwickeln.

Wer seinen Trainingsplan bis hierhin durchgehalten hat, ist bereits sehr gut vorbereitet. Die Wiederholung dient auch zur Bestätigung, dass man beruhigt und mit einem guten Gefühl in die Prüfung gehen kann.

Trainingsplan

Der nachfolgende Trainingsplan verweist auf frühere Abituraufgaben, die zur Übung empfohlen werden. Für einen durchschnittlichen Schüler ist es nicht nötig, alle angegebenen Aufgaben zu bearbeiten, hier sollte in der Regel eine Auswahl reichen.

Teil 1: Vorbereitung

Nr.	Thema	Kapitel	Empfohlene Abituraufgabe
V	Trainingsplan Rechenregeln	1, Vorbereitung 2.1, Rechenregeln	

Vorbereitung - Trainingsplan

Teil 2: Pflichtteil

Nr.	Thema	Kapitel	Empfohlene Abituraufgabe
1	Analysis: Differenzieren	2.3, Differenzieren	Pflichtteil Aufgabe 1
2	Analysis: Integrieren	2.9, Integrieren	Pflichtteil Aufgabe 2
3	Analysis: Gleichungen lösen	2.1, Rechenregeln	Pflichtteil Aufgabe 3
4	Analysis: Kurvendiskussion	2.2, Funktionen 2.5, Nullstellen, Extrempunkte und Wendepunkte 2.7, Tangente und Normale	Pflichtteil Aufgabe 4
5	Analysis: Eigenschaften von Funktionen	2.2, Funktionen 2.4, Monotonie und Krümmung 2.5, Nullstellen, Extrempunkte und Wendepunkte 2.9, Integrieren	Pflichtteil Aufgabe 5
6 + 7	Geometrie	3.2, Lineare Abhängigkeit, lineare Gleichungssysteme 3.3, Gerade und Ebene 3.5, Gegenseitige Lage 3.6, Abstand	Pflichtteil Aufgabe 6 + 7
8	Stochastik	4.1, Baumdiagramme 4.3, Hypothesentest	Pflichtteil Aufgabe 8
9	Allgemeines Verständnis	alle	Pflichtteil Aufgabe 9

Teil 3: Wahlteil

Nr.	Thema	Empfohlene Abituraufgabe	
10	Analysis: Gebrochen-rationale Funktionen	2016, A 1.1	Geländequerschnitt
		2016, A 1.2	Kreismittelpunkt
		2015, A 1	Laderaum eines Lastkahns
		2014, A 2.1	Fahrzeuge vor Grenzübergang
		2013, A 1.1	Bergstollen
11	Analysis: Trigonometrische Funktionen	2016, A 2.2	Diagonalen einer Raute
		2014, A 2.2	Kosinusfunktion
12	Analysis: e-Funktionen, Wachstum	2016, A 2.1	Schneehöhe
		2015, A 2.1	Entwicklung einer Population
		2014, A 1.1	Kurvendiskussion e-Funktion
		2013, A 2.1	Wassertank einer Gärtnerei
13	Geometrie: Geometrische Körper	2016, B 2.1	Pyramide und Schnittfläche
		2014, B 1.1	Quader in Pyramide
		2013, B 1.1	Würfel und Ebene
14	Geometrie: Sonstige Anwendungen	2016, B 1.1	Tribüne mit Dach
		2015, B 1.1	Markise an Hauswand
		2014, B 2.1	Platte mit Lichtquelle auf Stab
		2013, B 2.1	Segeltuch in würfelförmigen Ausstellungsraum
15	Stochastik: Baumdiagramme, Bernoulliformel und Binomialverteilung	2016, B 2.2	Tanzgruppenpaare
		2015, B 2.2	Biathlonwettbewerb
		2014, B 1.2	Gefäße mit Kugeln
		2013, B 1.2	Lotterie
16	Stochastik: Hypothesentest	2016, B 1.2	Idealer Würfel
		2015, B 1.2	Keimfähigkeit von Weizensaatgut
		2014, B 2.2	Produktionsfehler von Bleistiften
		2013, B 2.2	Glücksräder

Teil 4: Wiederholung

Nr.	Thema	Empfohlene Abituraufgabe
W	Vollständige Abiturprüfungen lösen	Abitur 2016 Abitur 2015 Abitur 2014 Abitur 2013

Auf unserer Homepage www.mathe-abi-bw.de stellen wir den nachfolgenden Trainingsplan als Download (Microsoft Excel Tabelle) zur Verfügung. Er darf beliebig weitergegeben, kopiert und individuell verändert werden.

Januar 2017			
			Mathe
1	So	Neujahr	
2	Mo		
3	Di		
4	Mi		Pflichtteil Aufgaben 1 und 2: Differenzieren und Integrieren
5	Do		
6	Fr	Drei Könige	
7	Sa		
8	So		
9	Mo		
10	Di		
11	Mi		Pflichtteil Aufgabe 3: Gleichungen lösen
12	Do		
13	Fr		
14	Sa		
15	So		
16	Mo		
17	Di		
18	Mi		Pflichtteil Aufgabe 4: Kurvendiskussion
19	Do		
20	Fr		
21	Sa		
22	So		
23	Mo		
24	Di		
25	Mi		Pflichtteil Aufgabe 5: Eigenschaften von Funktionen
26	Do		
27	Fr		
28	Sa		
29	So		
30	Mo		
31	Di		

Februar 2017			
			Mathe
1	Mi		
2	Do		Pflichtteil Aufgabe 6: Geometrie
3	Fr		
4	Sa		
5	So		
6	Mo		
7	Di		
8	Mi		Pflichtteil Aufgabe 7: Geometrie
9	Do		
10	Fr		
11	Sa		
12	So		
13	Mo		
14	Di		
15	Mi		Pflichtteil Aufgabe 8: Stochastik
16	Do		
17	Fr		
18	Sa		
19	So		
20	Mo		
21	Di		
22	Mi		Pflichtteil Aufgabe 9: Allgemeines Verständnis
23	Do		
24	Fr		
25	Sa		
26	So		
27	Mo		
28	Di		

Vorbereitung - Trainingsplan

März 2017			Mathe
1	Mi		
2	Do		**Wahlteil Analysis:** Gebrochen-rationale Funktionen
3	Fr		
4	Sa		
5	So		
6	Mo		
7	Di		
8	Mi		**Wahlteil Analysis:** Trigonometrische Funktionen
9	Do		
10	Fr		
11	Sa		
12	So		
13	Mo		
14	Di		
15	Mi		**Wahlteil Analysis:** e-Funktionen, Wachstum
16	Do		
17	Fr		
18	Sa		
19	So		
20	Mo		
21	Di		
22	Mi		**Wahlteil Geometrie:** Geometrische Körper
23	Do		
24	Fr		
25	Sa		
26	So		
27	Mo		
28	Di		**Wahlteil Geometrie:** Sonstige Anwendungen
29	Mi		
30	Do		
31	Fr		

April 2017			Mathe
1	Sa		
2	So		
3	Mo		
4	Di		**Wahlteil Stochastik:** Baumdiagramme, Bernoulliformel und Binomialverteilung
5	Mi		
6	Do		
7	Fr		
8	Sa		
9	So		
10	Mo		
11	Di		
12	Mi		**Wahlteil Stochastik:** Hypothesentest
13	Do		
14	Fr	Karfreitag	
15	Sa		
16	So	Ostern	
17	Mo	Ostermontag	
18	Di		
19	Mi		**Wiederholung:** Vollständige Abiturprüfungen
20	Do		
21	Fr		
22	Sa		
23	So		
24	Mo		
25	Di	Deutsch-Abi	
26	Mi		**Wiederholung:** Vollständige Abiturprüfungen
27	Do		
28	Fr	Englisch-Abi	
29	Sa		
30	So		

Die Abiturprüfung in Mathematik findet Mittwoch, den 03. Mai 2017 statt.

2 Analysis

2.1 Rechenregeln

Viel zu häufig werden wertvolle Verrechnungspunkte durch Fehler bei der Anwendung einfacher Rechenregeln verschenkt. Daher ist es sinnvoll, sich die grundlegenden Rechenregeln zu Beginn der Vorbereitung noch einmal anzuschauen. Zur Verdeutlichung dieser Regeln kann das Einsetzen von Zahlen helfen.

Ausmultiplizieren und Ausklammern

Ausmultiplizieren
$$a \cdot (b + c) = a \cdot b + a \cdot c$$
$$(a + b) \cdot (c + d) = a \cdot c + a \cdot d + b \cdot c + b \cdot d$$

Beim Auflösen einer Klammer mit negativem Vorzeichen werden alle Vorzeichen in der Klammer invertiert:
$$-(a - b + c) = -a + b - c$$

Ausklammern
$$a \cdot b + a \cdot c + a \cdot d = a \cdot (b + c + d)$$

Brüche

Definition: Brüche sind nur dann definiert, wenn ihr Nenner ungleich Null ist.

Addition und Subtraktion: Nur Brüche mit gleichem Nenner dürfen sofort addiert bzw. subtrahiert werden:
$$\frac{a}{b} \pm \frac{c}{b} = \frac{a \pm c}{b}$$

Bei ungleichem Nenner müssen die Brüche zunächst auf einen gemeinsamen Hauptnenner erweitert werden:
$$\frac{a}{b} \pm \frac{c}{d} = \frac{ad}{bd} \pm \frac{cb}{bd} = \frac{ad \pm cb}{bd}$$

Multiplikation
$$\frac{a}{b} \cdot \frac{c}{d} = \frac{ac}{bd}$$

Analysis - Rechenregeln

Division Brüche werden dividiert, indem man mit dem Kehrbruch multipliziert:

$$\frac{a}{b} : \frac{c}{d} = \frac{\frac{a}{b}}{\frac{c}{d}} = \frac{a}{b} \cdot \frac{d}{c} = \frac{ad}{bc}$$

Wurzeln

Definition Wurzeln sind nur für positive Zahlen einschließlich der Null definiert.

Multiplikation $\sqrt{a} \cdot \sqrt{b} = \sqrt{ab}$

Division $\sqrt{a} : \sqrt{b} = \frac{\sqrt{a}}{\sqrt{b}} = \sqrt{\frac{a}{b}}$

Potenz $a^{\frac{m}{n}} = \sqrt[n]{a^m}$

Potenzen

Definition $a^n = a \cdot a \cdot a \ldots \cdot a$ (n mal)

$a^{-n} = \frac{1}{a} \cdot \frac{1}{a} \cdot \frac{1}{a} \ldots \cdot \frac{1}{a} = \frac{1}{a^n}$ (n mal)

$a^0 = 1$
$a^1 = a$
$a^{-1} = \frac{1}{a}$

Multiplikation $a^m \cdot a^n = a^{m+n}$ (gleiche Basis)

$a^n \cdot b^n = (a \cdot b)^n$ (gleicher Exponent)

Division $a^m : a^n = a^{m-n}$ (gleiche Basis)

$a^n : b^n = \left(\frac{a}{b}\right)^n$ (gleicher Exponent)

Potenz $(a^m)^n = a^{m \cdot n}$

Logarithmen

Definition Logarithmen sind nur für positive Zahlen definiert.

$e^x = y \Rightarrow x = ln(y)$

$ln(1) = 0$

$ln(e) = 1$

$ln(e^x) = x$

$e^{ln(x)} = x$

Multiplikation $ln(u \cdot v) = ln(u) + ln(v)$

Division $ln\left(\dfrac{u}{v}\right) = ln(u) - ln(v)$

Potenz $ln(u^r) = r \cdot ln(u)$

Binomische Formeln

Binomische Formeln erleichtern das Umformen von Summen bzw. Differenzen in Produkte, da auf das umständliche Auflösen von Klammerausdrücken verzichtet werden kann.

Erste binomische Formel: $(a + b)^2 = a^2 + 2ab + b^2$

Zweite binomische Formel: $(a - b)^2 = a^2 - 2ab + b^2$

Dritte binomische Formel: $(a + b)(a - b) = a^2 - b^2$

Analysis - Rechenregeln

Satz des Pythagoras

In einem rechtwinkligen Dreieck ist die Summe der Katheten-Quadrate gleich dem Hypotenusen-Quadrat:

$$a^2 + b^2 = c^2$$

Dieser Satz kann z.B. in einem zweidimensionalen Koordinatensystem zur Berechnung des Abstands zweier Punkte verwendet werden.

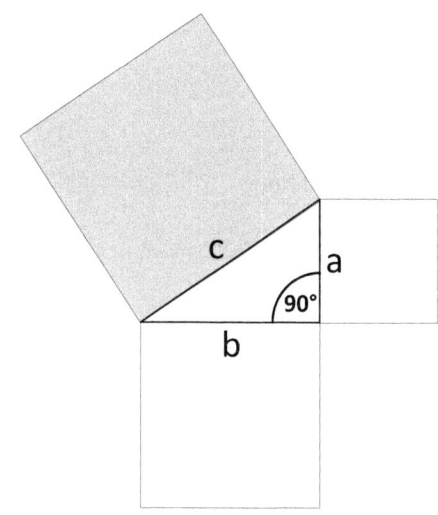

Beispiel:

Wie weit ist der Punkt H(0,53|3,31) von dem Punkt M(0|0,5) entfernt?

Für die Entfernung d zwischen den Punkten H und M gilt:

$$d^2 = \Delta x^2 + \Delta y^2$$
$$= (x_H - x_M)^2 + (y_H - y_M)^2$$
$$= (0{,}53 - 0)^2 + (3{,}31 - 0{,}5)^2$$
$$= (0{,}53)^2 + (2{,}81)^2$$
$$\Rightarrow d = \sqrt{8{,}18} = 2{,}86$$

Satz vom Nullprodukt

Ein Produkt ist genau dann Null, wenn einer der Faktoren Null ist.

Beispiel:

Lösen Sie die Gleichung $(2x^2 - 8) \cdot (e^{2x} - 6) = 0$

Um die Gleichung zu lösen, setzt man die einzelnen Klammern gleich Null und löst anschließend nach x auf.

Erste Klammer gleich Null $\quad (2x^2 - 8) = 0 \implies x^2 = 4 \implies x_{1,2} = \pm 2$

Zweite Klammer gleich Null $\quad (e^{2x} - 6) = 0 \implies 2x = \ln(6) \implies x_3 = \dfrac{\ln(6)}{2}$

Quadratische Gleichungen

Die Nullstellen einer quadratischen Gleichung lassen sich mit der **Mitternachtsformel** (auch ABC-Formel genannt) berechnen.

$$ax^2 + bx + c = 0 \implies x_{1,2} = \frac{1}{2a}(-b \pm \sqrt{b^2 - 4ac})$$

In vielen Abituraufgaben kann die Mitternachtsformel aber nicht sofort angewendet werden. In diesem Fall ist es zuerst nötig, die Gleichung in ein Polynom zweiter Ordnung ($ax^2 + bx + c = 0$) umzuformen. Für diese Umformung benötigt man häufig eine **Substitution**.

Beispiel:

Lösen Sie die Gleichung $\quad e^x - 2 - \dfrac{15}{e^x} = 0$

Die Multiplikation der Gleichung mit e^x ergibt $\quad e^{2x} - 2e^x - 15 = 0$

Durch Substitution mit $e^x = z$ erhält man $\quad z^2 - 2z - 15 = 0$

Analysis - Rechenregeln

Die Koeffizienten des Polynoms ($a = 1$, $b = -2$, $c = -15$) werden jetzt in die Mitternachtsformel eingesetzt. Hieraus ergibt sich

$$z_{1,2} = \frac{1}{2}(2 \pm \sqrt{(-2)^2 - 4 \cdot 1 \cdot (-15)}) = \frac{1}{2}(2 \pm \sqrt{4 + 60}) = \frac{1}{2}(2 \pm 8)$$

mit den Lösungen $\quad z_1 = 5$ und $z_2 = -3$

Jetzt erfolgt die Re-substitution $e^{x_1} = z_1 = 5$ mit der Lösung $x_1 = \ln 5$. Durch Re-substitution mit $e^{x_2} = z_2 = -3$ erhält man keine weitere Lösung, da der Logarithmus für negative Zahlen nicht existiert.

2.2 Funktionen

Die wichtigsten Funktionen für das Abitur sind:
- Ganzrationale Funktionen
- Gebrochen-rationale Funktionen
- Trigonometrische Funktionen
- e-Funktion und natürlicher Logarithmus

Ganzrationale Funktionen

Eine ganzrationale Funktion ist eine Summe von Potenzfunktionen mit natürlichen Exponenten:

$$f(x) = a_n x^n + a_{n-1} x^{n-1} + \cdots + a_2 x^2 + a_1 x + a_0$$

Der höchste Exponent bestimmt den Grad der Funktion. Wichtig sind ganzrationale Funktionen ersten Grades (Gerade als Schaubild) und ganzrationale Funktionen zweiten Grades (Parabel als Schaubild):

Die allgemeine Form einer **Gerade** lautet:
$$f(x) = m \cdot x + c$$

Die allgemeine Form einer **Parabel** lautet:
$$f(x) = ax^2 + bx + c$$

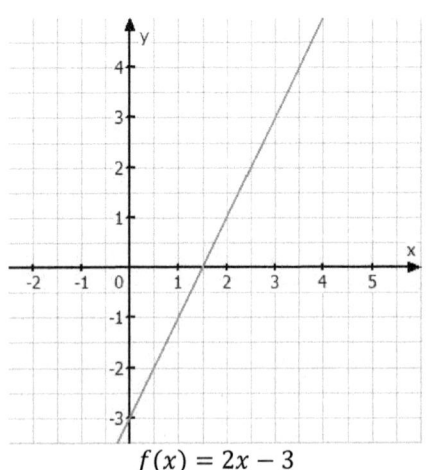

$f(x) = 2x - 3$

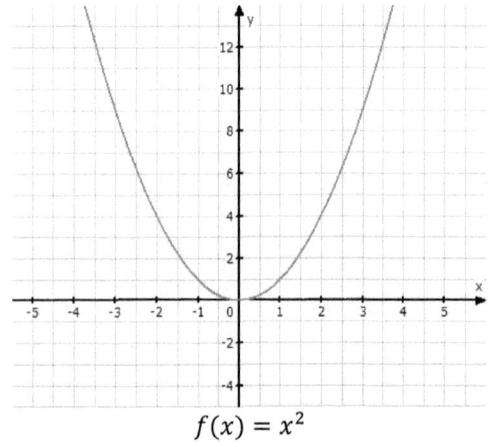

$f(x) = x^2$

Beispiel: Die Gerade $f(x) = 2x - 3$ besitzt eine Steigung von $m = \frac{\Delta y}{\Delta x} = 2$ (d.h. Steigung von 2 Längeneinheiten in y-Richtung bei 1 Längeneinheit in x-Richtung). Sie schneidet die y-Achse im Punkt P(0, -3).

Beispiel: Die Parabel $f(x) = x^2$ wird als Normalparabel bezeichnet.

Analysis - Funktionen

Gebrochen-rationale Funktionen und Asymptoten

Eine gebrochen-rationale Funktion lässt sich als Quotient zweier ganzrationaler Funktionen beschreiben. Bei Aufgaben zu diesen Funktionen müssen häufig die Nullstellen des Zählers und des Nenners bestimmt werden.

$$f(x) = \frac{a_n x^n + a_{n-1} x^{n-1} + \cdots + a_2 x^2 + a_1 x + a_0}{b_n x^n + b_{n-1} x^{n-1} + \cdots + b_2 x^2 + b_1 x + b_0}$$

Senkrechte Asymptote: Nullstellen des Zählers bilden zugleich die Nullstellen der Funktion. Für Nullstellen des Nenners ist die Funktion nicht definiert. Hier besitzt die Funktion eine Polstelle und eine senkrechte Asymptote.

Ausnahmen sind hebbare Definitionslücken, bei der eine Nullstelle im Zähler mit einer Nullstelle im Nenner „gekürzt" wird. Häufig sind hebbare Definitionslücken aber nicht sofort erkennbar. Daher müssen Zähler und Nenner zunächst (z.B. durch Ausklammern oder binomische Formeln) in Linearfaktoren zerlegt werden.

Waagerechte Asymptote: Falls der höchste Exponent im Nenner gleich dem höchsten Exponent im Zähler ist (Zählergrad gleich Nennergrad), besitzt die Funktion eine waagerechten Asymptote bei

$$\lim_{x \to \pm\infty} f(x) = \lim_{x \to \pm\infty} \frac{a_n x^n + a_{n-1} x^{n-1} + \cdots + a_2 x^2 + a_1 x + a_0}{b_n x^n + b_{n-1} x^{n-1} + \cdots + b_2 x^2 + b_1 x + b_0} = \lim_{x \to \pm\infty} \frac{a_n x^n}{b_n x^n} = \frac{a_n}{b_n}$$

Falls der der Zählergrad niedriger als der Nennergrad ist, besitzt die Funktion eine waagerechte Asymptote bei $f(x) = 0$. Die Asymptote ist die x-Achse.

Ist Zählergrad höher als der Nennergrad, besitzt die Funktion keine waagerechte Asymptote, ihr Grenzwert ist $\pm\infty$.

Zähler- und Nennergrad	waagerechte Asymptote
Zählergrad = Nennergrad	waagerechte Asymptote bei $\lim\limits_{x \to \pm\infty} f(x) = \frac{a_n}{b_n}$
Zählergrad < Nennergrad	waagerechte Asymptote bei $\lim\limits_{x \to \pm\infty} f(x) = 0$
Zählergrad > Nennergrad	keine waagerechte Asymptote $\lim\limits_{x \to \pm\infty} f(x) = \pm\infty$

Analysis - Funktionen

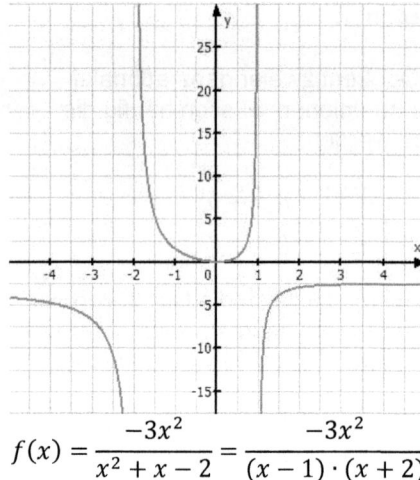

$$f(x) = \frac{-3x^2}{x^2 + x - 2} = \frac{-3x^2}{(x-1) \cdot (x+2)}$$

Beispiel: Die Funktion $f(x) = \frac{-3x^2}{(x-1)\cdot(x+2)}$ besitzt im Zähler eine Nullstelle bei $x = 0$. Die Nullstellen im Nenner sind $x = 1$ und $x = -2$. Daher besitzt die Funktion hier Polstellen bzw. senkrechte Asymptoten.

Zähler- und Nennergrad sind gleich 2.
$$\lim_{x \to \pm\infty} f(x) = \frac{-3}{1} = -3$$

Die Funktion besitzt daher eine waagerechte Asymptote bei $y = -3$.

Analysis - Funktionen

Trigonometrische Funktionen

Die trigonometrischen Funktionen beschreiben das Verhältnis von Winkeln und Seitenlängen in rechtwinkligen Dreiecken. Die grundlegenden Funktionen lauten:

$$sin(\alpha) = \frac{Gegenkathete}{Hypothenuse} = \frac{a}{c}$$

$$cos(\alpha) = \frac{Ankathete}{Hypothenuse} = \frac{b}{c}$$

$$tan(\alpha) = \frac{Gegenkathete}{Ankatete} = \frac{sin(\alpha)}{cos(\alpha)} = \frac{a}{b}$$

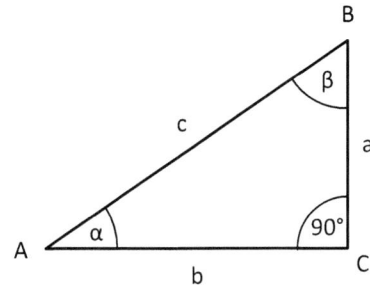

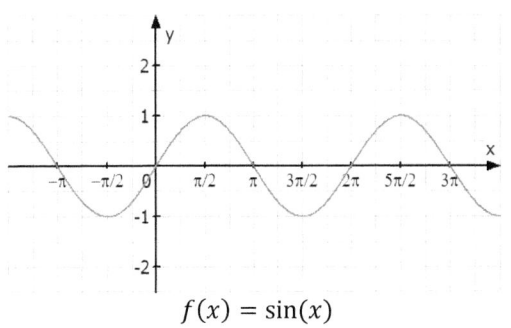

$f(x) = sin(x)$

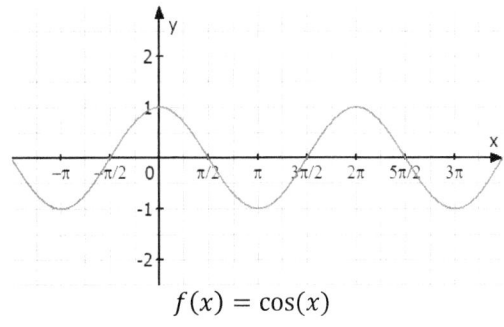

$f(x) = cos(x)$

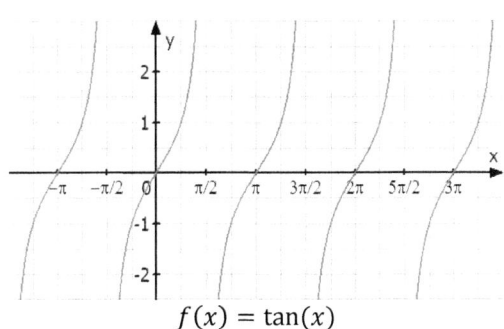

$f(x) = tan(x)$

Harmonische Schwingung

Einige Abituraufgaben befassen sich mit der Harmonischen Schwingung. Hierbei wird häufig nach Maxima, Minima oder der stärkste Zu- oder Abnahme gefragt. Die unten angegebene Formel der harmonische Schwingung lässt sich mit Hilfe von Verschieben, Strecken, Stauchen oder Spiegeln (s.u.) aus der einfachen Sinus- oder Cosinus-Funktion ableiten.

$$f(x) = a \cdot sin\left(\frac{2\pi}{T} \cdot x\right) + c$$

Amplitude: a
Periodendauer: T
Frequenz: $f = \frac{1}{T}$
Verschiebung in y-Richtung: c

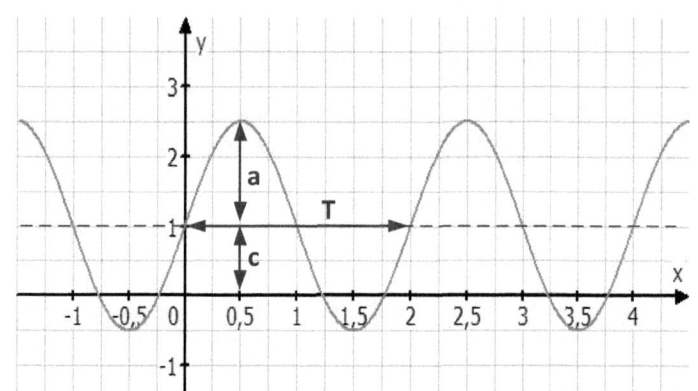

Beispiel: $f(x) = \frac{3}{2} \cdot sin(\pi \cdot x) + 1$, mit

$$a = \frac{3}{2}, \quad \frac{2\pi}{T} = \pi \Rightarrow T = 2, \quad f = \frac{1}{2}, \quad c = 1$$

Hochpunkt	$H\left(z \cdot T + \frac{T}{4} \mid c + a\right)$ mit $z \in \mathbb{Z}$
Tiefpunkt	$T\left(z \cdot T - \frac{T}{4} \mid c - a\right)$ mit $z \in \mathbb{Z}$
Stärkste Zunahme bei	$x = z \cdot T$ mit $z \in \mathbb{Z}$
Stärkste Abnahme bei	$x = (2z - 1) \cdot \frac{T}{2}$ mit $z \in \mathbb{Z}$

e-Funktion und natürlicher Logarithmus

e-Funktion

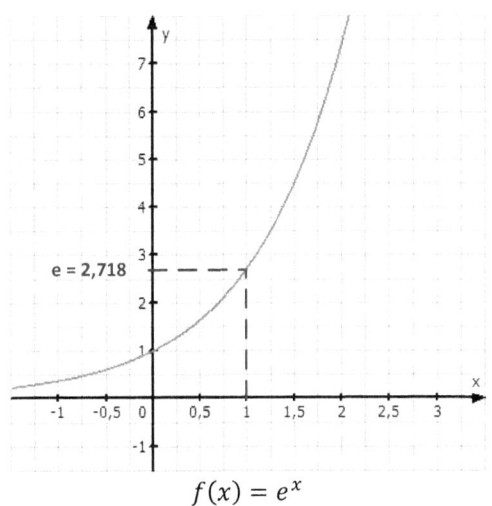

$$f(x) = e^x$$

$e \approx 2{,}718$ wird Eulersche Zahl genannt. Sie ist wie die Zahl π eine irrationale Zahl.

Natürlicher Logarithmus

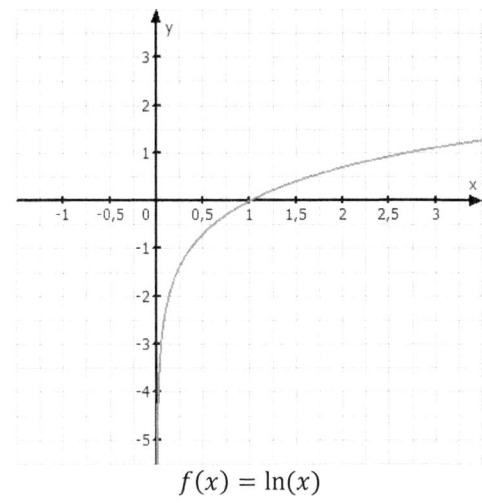

$$f(x) = \ln(x)$$

Logarithmen sind nur für positive Zahlen definiert.

Verschieben, Strecken, Stauchen und Spiegeln

Funktionsgraphen lassen sich verschieben, strecken, stauchen und an den Achsen spiegeln. Im Folgenden werden die verschieden Möglichkeiten anhand des Graphen der Funktion $f(x) = e^x$ dargestellt.

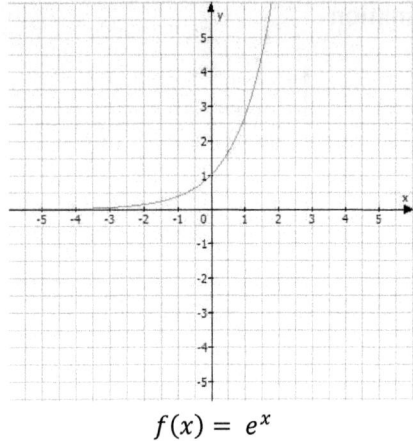

$f(x) = e^x$
Originalfunktion

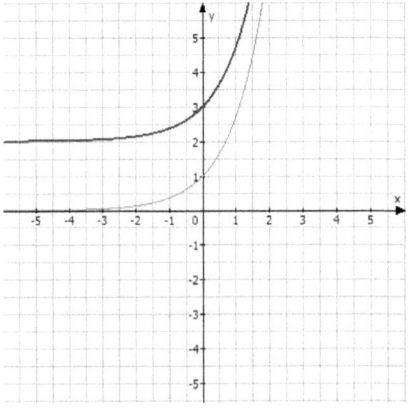

$f(x) = e^x + 2$
Verschieben in +y-Richtung:
c addieren

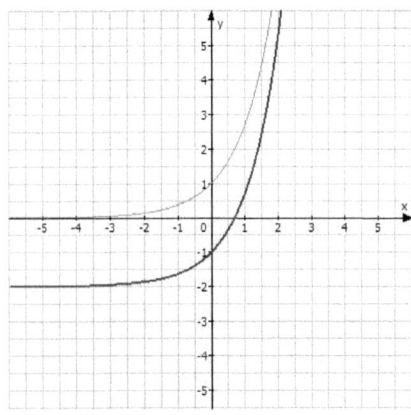

$f(x) = e^x - 2$
Verschieben in -y-Richtung:
c subtrahieren

Analysis - Funktionen

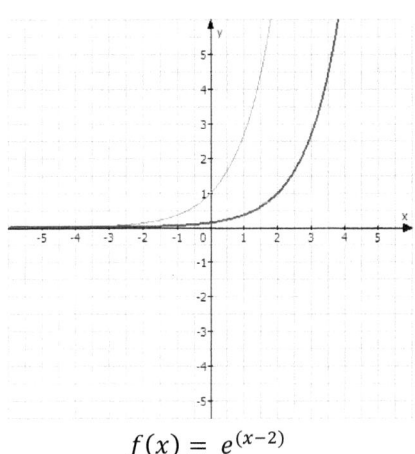

$$f(x) = e^{(x-2)}$$

Verschieben in +x-Richtung:
x ersetzten durch (x - c)

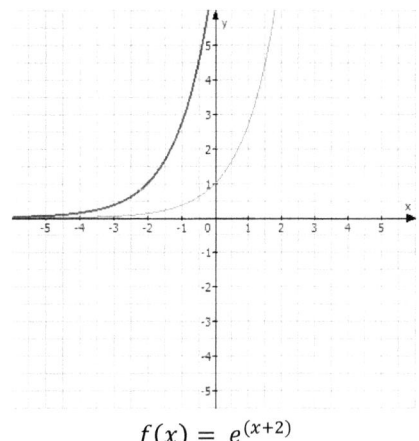

$$f(x) = e^{(x+2)}$$

Verschieben in -x-Richtung:
x ersetzten durch (x + c)

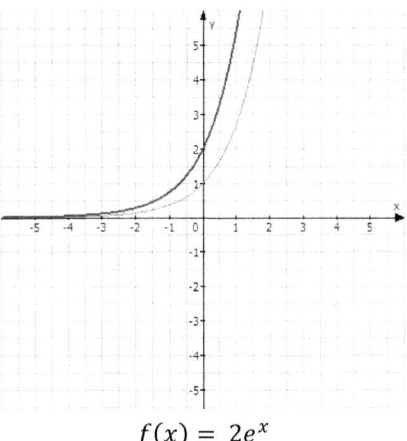

$$f(x) = 2e^x$$

Strecken in y-Richtung:
multiplizieren mit c

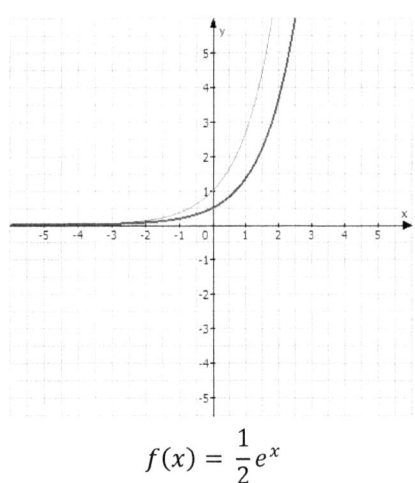

$$f(x) = \frac{1}{2}e^x$$

Stauchen in y-Richtung:
dividieren durch c

Analysis - Funktionen

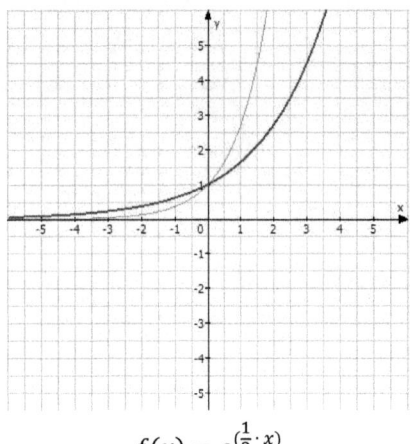

$$f(x) = e^{(\frac{1}{2} \cdot x)}$$

Strecken in x-Richtung:
x ersetzen durch $(\frac{1}{c} \cdot x)$

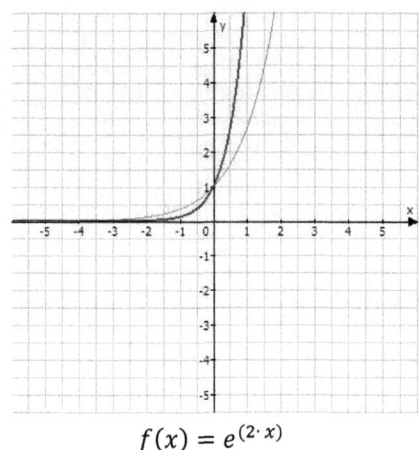

$$f(x) = e^{(2 \cdot x)}$$

Stauchen in x-Richtung:
x ersetzen durch $(c \cdot x)$

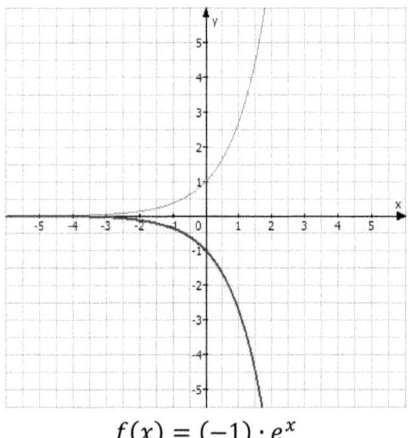

$$f(x) = (-1) \cdot e^x$$

Spiegeln an x-Achse:
multiplizieren mit -1

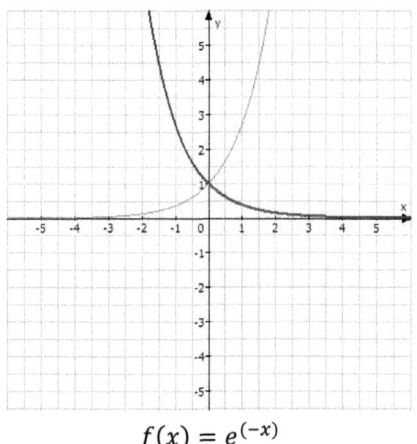

$$f(x) = e^{(-x)}$$

Spiegeln an y-Achse:
x ersetzen durch $(-x)$

Analysis - Funktionen

Achsensymmetrie

Der Graph einer Funktion ist symmetrisch zur y-Achse wenn gilt: $f(-x) = f(x)$

Der Graph einer ganzrationalen Funktion ist symmetrisch zur y-Achse, wenn er nur **gerade** Exponenten besitzt (z.B. $f(x) = ax^6 + bx^4 + cx^2 + d$), z.B:

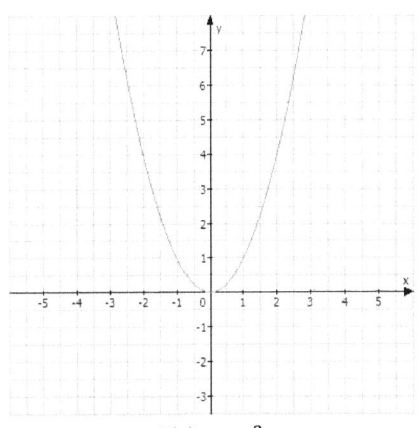

$$f(x) = x^2$$
$$f(-x) = (-x)^2 = x^2 = f(x)$$

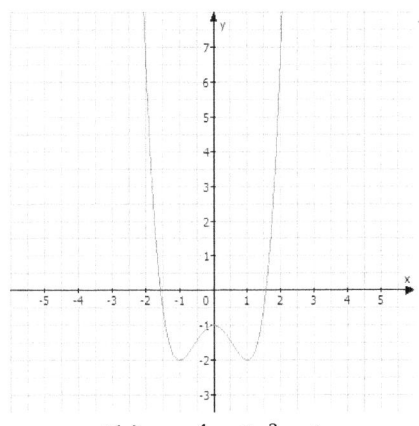

$$f(x) = x^4 - 2x^2 - 1$$
$$f(-x) = (-x)^4 - 2 \cdot (-x)^2 - 1 = f(x)$$

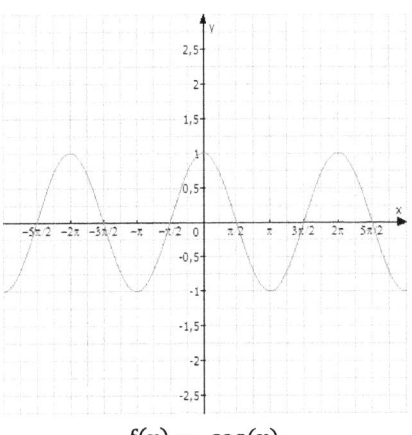

$$f(x) = \cos(x)$$
$$f(-x) = \cos(-x) = \cos(x) = f(x)$$

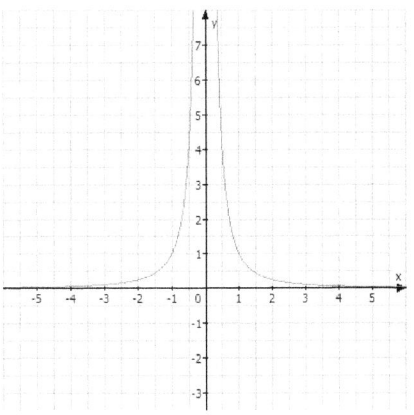

$$f(x) = \frac{1}{x^2}$$
$$f(-x) = \frac{1}{(-x)^2} = \frac{1}{x^2} = f(x)$$

Punktsymmetrie

Der Graph einer Funktion ist symmetrisch zum Ursprung wenn gilt: $f(-x) = -f(x)$

Der Graph einer ganzrationalen Funktion ist punktsymmetrisch zum Ursprung, wenn er nur **ungerade** Exponenten besitzt (z.B. $f(x) = ax^5 + bx^3 + cx$), z.B:

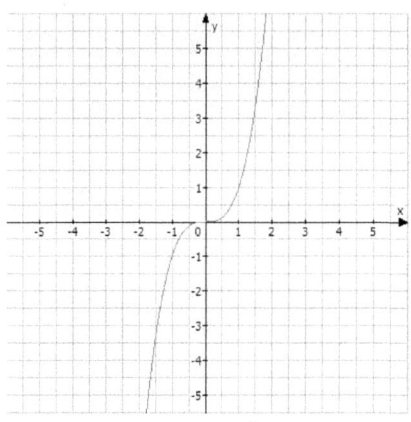

$f(x) = x^3$
$f(-x) = (-x)^3 = -x^3 = -f(x)$

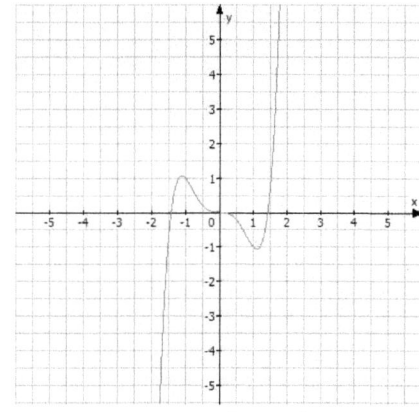

$f(x) = x^5 - 2x^3$
$f(-x) = (-x)^5 - 2(-x)^3 = -(x^5 - 2x^3)$
$= -f(x)$

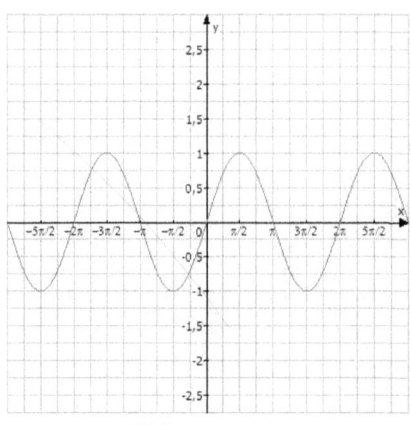

$f(x) = \sin(x)$
$f(-x) = \sin(-x) = -\sin(x) = -f(x)$

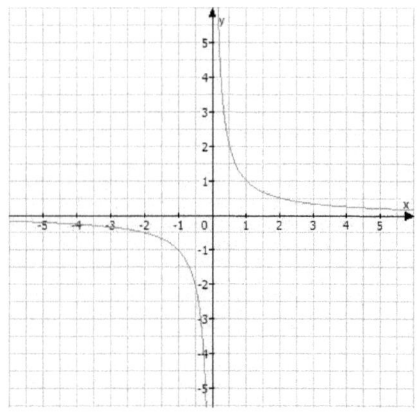

$f(x) = \dfrac{1}{x}$

$f(-x) = \dfrac{1}{(-x)} = -\dfrac{1}{x} = -f(x)$

Analysis - Differenzieren

2.3 Differenzieren

Die Ableitung einer Funktion kann man geometrisch bestimmen, indem in jedem Punkt dieser Funktion eine Tangente angelegt wird. Die Tangentensteigung in dem Punkt P(x|f(x)) entspricht also der Ableitung $f'(x)$.

Zum Differenzieren bzw. Ableiten einer Funktion dienen die nachfolgenden Regeln. Sie werden mit Ausnahme der Quotientenregel in jeder Abiturprüfung benötigt.

	Regel	Beispiel
Summenregel	$(u \pm v)' = u' \pm v'$	$f(x) = x^2 + e^x$ $f'(x) = 2x + e^x$
Faktorregel	$(c \cdot u)' = c \cdot u'$	$f(x) = 3 \cdot \sin(x)$ $f'(x) = 3 \cdot (\sin(x))' = 3 \cdot \cos(x)$
Potenzregel	$(x^n)' = n \cdot x^{n-1}$	$f(x) = x^4$ $f'(x) = 4\,x^3$
Produktregel	$(u \cdot v)' = u' \cdot v + u \cdot v'$	$f(x) = x^2 \cdot \sin(x)$ $f'(x) = 2x \cdot \sin(x) + x^2 \cdot \cos(x)$
Quotientenregel	$\left(\dfrac{u}{v}\right)' = \dfrac{u' \cdot v - u \cdot v'}{v^2}$	$f(x) = \dfrac{3x}{x^2 - 4}$ $f'(x) = \dfrac{3(x^2 - 4) - (3x \cdot 2x)}{(x^2 - 4)^2}$ $= \dfrac{-3x^2 - 12}{(x^2 - 4)^2}$
Kettenregel	$(u(v))' = u'(v) \cdot v'$ „Äußere Ableitung mal innere Ableitung".	$f(x) = \sin(x^3)$ $f'(x) = \cos(x^3) \cdot 3x^2$

Spezielle Ableitungen

$f(x)$	$f'(x)$
$c = \text{const}$	0
x	1
$\sqrt{x} = x^{\frac{1}{2}}$	$\frac{1}{2} \cdot x^{-\frac{1}{2}} = \frac{1}{2 \cdot \sqrt{x}}$
$\frac{1}{\sqrt{x}} = x^{-\frac{1}{2}}$	$-\frac{1}{2} \cdot x^{-\frac{3}{2}} = -\frac{1}{2} \cdot \frac{1}{\sqrt{x^3}}$
e^{ax}	$a \cdot e^{ax}$
$\ln(x)$	$\frac{1}{x}$
$\sin(x)$	$\cos(x)$
$\cos(x)$	$-\sin(x)$

2.4 Monotonie und Krümmung

Eine Funktion, die mit zunehmendem x-Wert größer wird oder konstant bleibt, heißt monoton steigend. Entsprechend heißt eine Funktion, die mit zunehmendem x-Wert kleiner wird oder konstant bleibt, monoton fallend.

Die Monotonie einer Funktion lässt sich mit Hilfe ihrer ersten Ableitung bestimmen. Zur Bestimmung der Krümmung (links- oder rechtsgekrümmt) untersucht man die zweite Ableitung.

Funktion $f(x)$	erste Ableitung $f'(x)$	zweite Ableitung $f''(x)$
monoton steigend $x_1 < x_2$ $\Rightarrow f(x_1) \leq f(x_2)$	$f'(x) \geq 0$	
monoton fallend $x_1 < x_2$ $\Rightarrow f(x_1) \geq f(x_2)$	$f'(x) \leq 0$	
linksgekrümmt	monoton steigend	$f''(x) \geq 0$
rechtsgekrümmt	monoton fallend	$f''(x) \leq 0$

Beispiel:

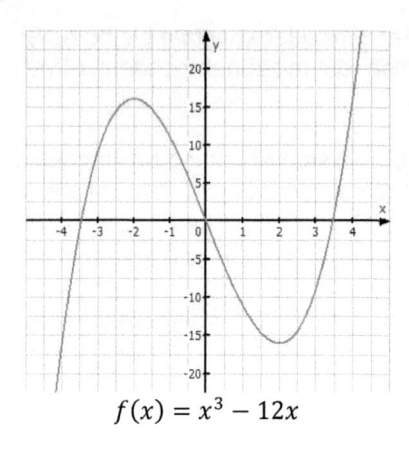

$f(x) = x^3 - 12x$

Für die Funktion $f(x) = x^3 - 12x$ sollen Monotonie und die Krümmung untersucht werden.

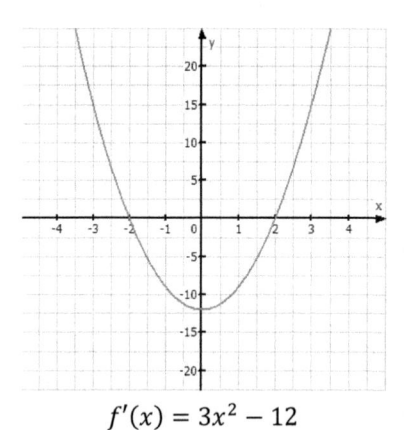

$f'(x) = 3x^2 - 12$

Zur Untersuchung der Monotonie wird die erste Ableitung gebildet.

Die Funktion $f(x) = x^3 - 12x$ ist monoton steigend für
$f'(x) = 3x^2 - 12 \geq 0$,
also für die Bereiche $x \leq -2$ und $x \geq 2$.

$f(x)$ ist monoton fallend für
$f'(x) = 3x^2 - 12 \leq 0$, also für den Bereich
$-2 \leq x \leq 2$.

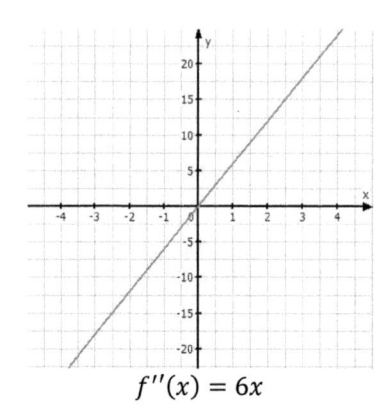

$f''(x) = 6x$

Zur Untersuchung der Krümmung wird die zweite Ableitung gebildet.

Die Funktion $f(x) = x^3 - 12x$ ist linksgekrümmt für $f''(x) = 6x \geq 0$, also für den Bereich $x \geq 0$.

Die Funktion $f(x) = x^3 - 12x$ ist rechtsgekrümmt für $f''(x) = 6x \leq 0$, also für den Bereich $x \leq 0$.

2.5 Nullstellen, Extrempunkte und Wendepunkte

Funktionsuntersuchungen mit Fragen zu Nullstellen, Extrempunkten und Wendepunkten gehören zu den typischen Aufgaben im Pflicht- und im Wahlteil. Sie kommen in jedem Abitur vor.

Nullstelle: Die Funktion hat bei einem Wert x_0 eine Nullstelle, wenn die Bedingung $f(x_0) = 0$ erfüllt ist. In dieser Nullstelle schneidet der Funktionsgraph die x-Achse.

Extrempunkt: Extrempunkt ist der Überbegriff für globale oder lokale Hoch- und Tiefpunkte. Ein lokaler Hochpunkt (Tiefpunkt) ist der Wert einer Funktion an einer Stelle x_0, in deren Umgebung die Funktion keine größeren (kleineren) Werte annimmt. Globale Hochpunkte (Tiefpunkte) sind die höchsten (tiefsten) Punkte der Funktion im gesamten Definitionsbereich. Die Tangente in einem Extrempunkt besitzt die Steigung null. Für Extremwerte gilt also $f'(x_0) = 0$.

Bei abgeschlossenen Intervallen können Extrempunkte auch auf den Intervallgrenzen liegen (Randextrema).

Hochpunkt: Die Funktion f besitzt bei einem Wert x_0 einen Hochpunkt, wenn ihre erste Ableitung bei diesem Wert x_0 eine Nullstelle mit Vorzeichenwechsel von + nach − besitzt. Die zweite Ableitung in diesem Hochpunkt ist negativ.

Tiefpunkt: Entsprechend besitzt die Funktion f bei einem Wert x_0 einen Tiefpunkt, wenn ihre erste Ableitung bei diesem Wert x_0 eine Nullstelle mit Vorzeichenwechsel von - nach + besitzt. Die zweite Ableitung in diesem Tiefpunkt ist positiv.

Wendepunkt: In einem Wendepunkt ändert die Funktion f ihre Krümmung, entweder von einer Rechts- zu einer Linkskrümmung oder umgekehrt. Die Funktion f besitzt an der Stelle x_0 einen Wendepunkt, wenn ihre erste Ableitung bei diesem Wert x_0 einen Extrempunkt (Hoch- oder Tiefpunkt) besitzt. Die zweite Ableitung bei diesem Wendepunkt besitzt eine Nullstelle mit Vorzeichenwechsel. Die dritte Ableitung ist ungleich Null.

Sattelpunkt: Spezielle Wendepunkte, in denen die Steigung der Funktion Null beträgt ($f'(x_0) = 0$), werden Sattelpunkte genannt.

Funktion f	erste Ableitung f'	zweite Ableitung f''	dritte Ableitung f'''
Nullstelle $f(x_0) = 0$			
Hochpunkt	$f'(x_0) = 0$ Nullstelle mit VZW von + nach -	$f''(x_0) < 0$	
Tiefpunkt	$f'(x_0) = 0$ Nullstelle mit VZW von - nach +	$f''(x_0) > 0$	
Wendepunkt	Extrempunkt (Hoch- oder Tiefpunkt)	$f''(x_0) = 0$ Nullstelle mit VZW	$f'''(x_0) \neq 0$
Sattelpunkt	Extrempunkt (Hoch- oder Tiefpunkt) mit $f'(x_0) = 0$	$f''(x_0) = 0$ Nullstelle mit VZW	$f'''(x_0) \neq 0$

Beispiel:

Gibt es eine ganzrationale Funktion vierten Grades, deren Graph drei Wendepunkte besitzt?

Bei einem Wendepunkt besitzt die zweite Ableitung einer Funktion eine Nullstelle. Die zweite Ableitung einer Funktion vierten Grades ergibt eine Funktion zweiten Grades. Funktionen zweiten Grades haben aber höchstens zwei Nullstellen. Daher kann eine Funktion vierten Grades auch nur höchstens zwei Wendepunkte besitzen.

2.6 Zusammenhang von Funktion, Ableitung und Stammfunktion

Eine typische Aufgabe im Pflichtteil befasst sich mit dem Zusammenhang der Funktionsgraphen von Funktion, Ableitung und Stammfunktion. Beispielsweise werden verschiedene Graphen vorgegeben und die Aufgabe besteht darin, die Graphen von Funktion $f(x)$, Ableitung $f'(x)$ und Stammfunktion $F(x)$ zuzuordnen. Aus den Regeln des vorangegangenen Kapitels ergibt sich:

1. Bei der Nullstelle der Funktion $f(x_0)$ besitzt ihre Stammfunktion $F(x_0)$ einen Extrempunkt
2. Bei dem Extrempunkt der Funktion $f(x_0)$ besitzt ihre Stammfuntion $F(x_0)$ einen Wendepunkt und ihre erste Ableitung $f'(x_0)$ eine Nullstelle
3. Bei dem Wendepunkt einer Funktion $f(x_0)$ besitzt ihre erste Ableitung $f'(x_0)$ einen Extrempunkt.

Stammfunktion	$F(x_0)$	**Nullstelle**	Extrempunkt	Wendepunkt		
Funktion	$f(x_0)$		**Nullstelle**	Extrempunkt	Wendepunkt	
erste Ableitung	$f'(x_0)$			**Nullstelle**	Extrempunkt	Wendepunkt

Für diesen Zusammenhang gibt es eine einfache Merkregel, bei der das englische Wort „NEW" dreimal untereinander geschrieben wird. Diese Regel gilt für den Zusammenhang von Stammfunktion, Funktion und erster Ableitung (also $F(x_0)$, $f(x_0)$ und $f'(x_0)$) und daher auch für den Zusammenhang von Funktion, erster Ableitung und zweiter Ableitung (also $g(x_0)$, $g'(x_0)$ und $g''(x_0)$).

$F(x_0)$ $g(x_0)$	**N**	**E**	**W**		
$f(x_0)$ $g'(x_0)$		**N**	**E**	**W**	
$f'(x_0)$ $g''(x_0)$			**N**	**E**	**W**

Analysis - Zusammenhang von Funktion, Ableitung und Stammfunktion

Häufig wird in einer Wahlteilaufgabe eine Geschwindigkeit oder eine Änderungsrate vorgegeben. Zur Bestimmung der Strecke oder der vorhandenen Menge muss dann die Stammfunktion bzw. das Integral der Funktion gebildet werden. Hier einige typische Beispiele:

Stamm-funktion (bzw. Integral)	F	Strecke $s(t)$	vorhandenes Volumen	Anzahl der anwesenden Personen	Anzahl der erkrankten Personen
Funktion	f	Geschwindigkeit $v(t)$	Zuflussrate	Ankunftsrate	Erkrankungs-rate
erste Ableitung	f'	Beschleunigung $a(t)$	Änderung der Zuflussrate	Änderung der Ankunftsrate	Änderung der Erkrankungs-rate

Beispiel:

Die nachfolgenden Funktionsgraphen verdeutlichen den Zusammenhang zwischen Stammfunktion, Funktion und erster Ableitung (Merkregel „NEW") für die Funktion $f(x) = e^x \cdot x^2$.

Analysis - Zusammenhang von Funktion, Ableitung und Stammfunktion

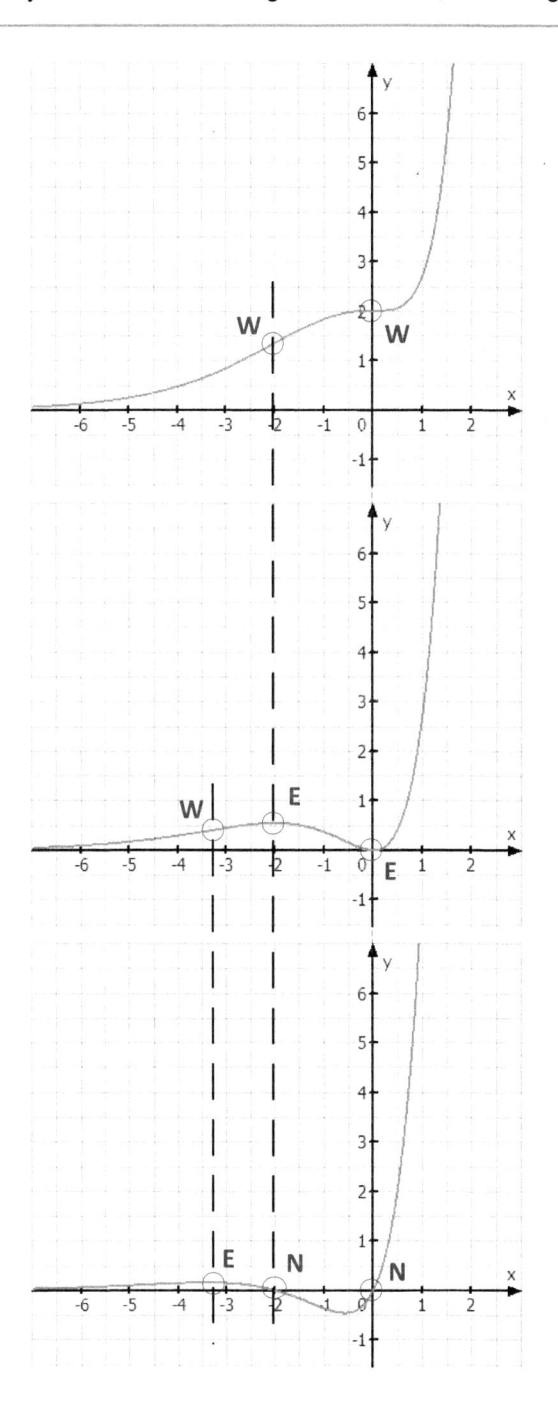

Stammfunktion

$$F(x) = e^x(x^2 - 2x + 2)$$

Anmerkung: Der Wendepunkt W(0|2) ist gleichzeitig auch ein Sattelpunkt.

Funktion

$$f(x) = e^x \cdot x^2$$

erste Ableitung

$$f'(x) = e^x(x^2 + 2x)$$

2.7 Tangente und Normale

Als **Tangente** bezeichnet man eine Gerade, die den Funktionsgraphen von $f(x)$ im Punkt $B(u|f(u))$ berührt. Die Steigung der Tangente in diesem Berührpunkt entspricht der Ableitung der Funktion $f'(u)$. Die Funktionsgleichung der Tangente lautet:

$$y_t(x) = f'(u)(x-u) + f(u)$$

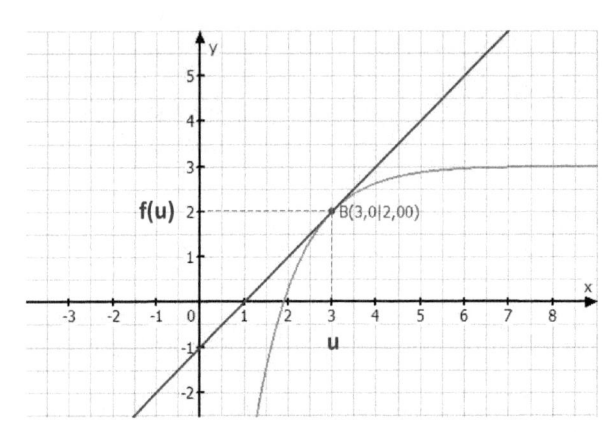

Beispiel: Tangente in $B(3|2)$ mit
$$f(x) = -e^{(-x+3)} + 3$$

$$f'(x) = -e^{(-x+3)} \cdot (-1)$$
$$f'(3) = -e^{(-3+3)} \cdot (-1) = 1$$

$$y_t(x) = f'(u)(x-u) + f(u)$$
$$= 1 \cdot (x-3) + 2$$
$$= x - 1$$

Als **Normale** bezeichnet man eine Gerade, die den Funktionsgraphen von $f(x)$ im Punkt $B(u|f(u))$ orthogonal (d.h. senkrecht) schneidet. Die Steigung der Normalen in diesem Schnittpunkt entspricht dem negativen Kehrwert der Tangentensteigung. Die Funktionsgleichung der Normale lautet:

$$y_n(x) = -\frac{1}{f'(u)}(x-u) + f(u)$$

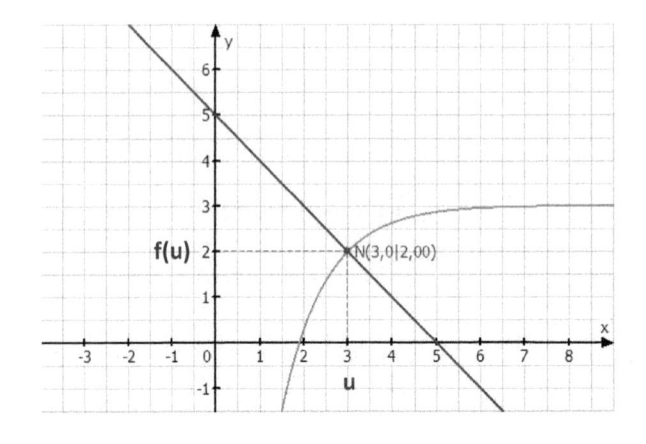

Beispiel: Normale in $B(3|2)$ mit
$$f(x) = -e^{(-x+3)} + 3$$

$$f'(x) = -e^{(-x+3)} \cdot (-1)$$
$$f'(3) = -e^{(-3+3)} \cdot (-1) = 1$$

$$y_n(x) = -\frac{1}{f'(u)}(x-u) + f(u)$$
$$= -\frac{1}{1}(x-3) + 2$$
$$= -x + 5$$

Analysis - Funktionenschar und Ortskurve

2.8 Funktionenschar und Ortskurve

Funktionenschar: Enthält eine Funktionsgleichung mindestens einen veränderlichen Parameter (z.B. den Parameter a) entsteht eine Funktionenschar $f_a(x)$.

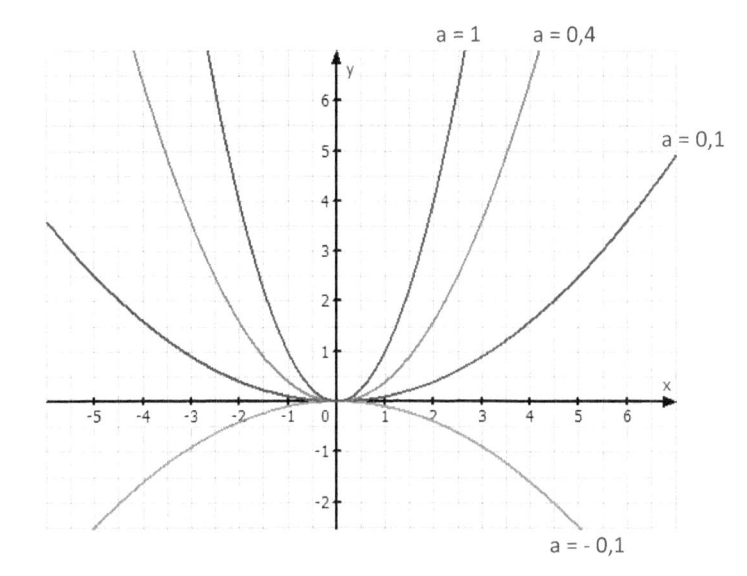

Beispiel: $f_a(x) = a \cdot x^2$

Parabel mit unterschiedlichem Parameter a

Ortskurven: Kurven, auf der alle Punkte mit einer bestimmten, charakteristischen Eigenschaft liegen, werden Ortskurven genannt. Typische Aufgaben beziehen sich auf die Eigenschaften von Nullstellen, Extrempunkten oder Wendepunkten.

Beispiel:

Für jedes a>0 ist eine Funktion $f_a(x)$ gegeben durch $f_a(x) = a \cdot \sin(ax) + a$. Ermitteln Sie eine Gleichung der Kurve, auf der alle Hochpunkte liegen.

Allgemeines Vorgehen	**Beispiel**
1. Zunächst erfolgt die Bestimmung der x-Koordinate des Punktes, der die charakteristische Eigenschaft besitzt.	Zur Bestimmung der Hochpunkte wird die Ableitung der gegebenen Funktion gebildet und gleich Null (charakteristische Eigenschaft Hochpunkt) gesetzt: $$f'_a(x) = a^2 \cdot \cos(ax) = 0$$ $$\Rightarrow x = \frac{\pi}{2a}$$
2. Anschließend wird die y-Koordinate bestimmt.	Durch Einsetzten der Lösung für die x-Koordinate in $f_a(x)$ ergibt sich die y-Koordinate: $$f_a\left(\frac{\pi}{2a}\right) = 2a$$
3. Hierdurch erhält man den gesuchten Punkt mit der charakteristischen in Abhängigkeit vom Parameter a.	Alle Hochpunkte von $f_a(x)$ haben also die Koordinaten: $$H_a\left(\frac{\pi}{2a}\Big|2a\right).$$
4. Als nächstes wird die x-Koordinate nach a aufgelöst.	$$x = \frac{\pi}{2a} \Rightarrow a = \frac{\pi}{2x}$$
5. Schließlich wird das Ergebnis für a in die y-Koordinate eingesetzt. Hierdurch ergibt sich die Funktion der Ortskurve.	$$y = 2a = \frac{\pi}{x}$$

2.9 Integrieren

Hauptsatz der Integralrechnung: Das Integral einer Funktion zwischen der unteren Grenze a und der oberen Grenze b wird mit Hilfe der Stammfunktion bestimmt:

$$\int_a^b f(x)dx = [F(x)]_a^b = F(b) - F(a)$$

Zum Bilden der Stammfunktion gelten die nachfolgenden Regeln. Auch diese Regeln werden in jeder Abiturprüfung benötigt.

	Regel	**Beispiel**
Summenregel	$f(x) = u(x) + v(x)$ $F(x) = U(x) + V(x)$	$f(x) = x^2 + e^x$ $F(x) = \frac{1}{3}x^3 + e^x$
Faktorregel	$f(x) = c \cdot u(x)$ $F(x) = c \cdot U(x)$	$f(x) = 3 \cdot \sin(x)$ $F(x) = 3 \cdot (-\cos(x))$
Potenzregel	$f(x) = x^n$ $F(x) = \frac{1}{n+1}x^{n+1}$	$f(x) = x^4$ $F(x) = \frac{1}{5}x^5$
Lineare Verkettung	$f(x) = (ax + b)^n$ $F(x) = \frac{1}{a} \cdot \frac{1}{n+1} \cdot (ax + b)^{n+1}$	$f(x) = (5x + 3)^4$ $F(x) = \frac{1}{25} \cdot (5x + 3)^5$

Spezielle Stammfunktionen

$f(x)$	$F(x)$
0	$c = \text{const}$
$c = \text{const}$	$c \cdot x$
x	$\frac{1}{2} \cdot x^2$
$\sqrt{x} = x^{\frac{1}{2}}$	$\frac{2}{3} \cdot x^{\frac{3}{2}}$
$\frac{1}{x}$	$\ln(x)$
e^{ax}	$\frac{1}{a} \cdot e^{ax}$
$\sin(ax)$	$-\frac{1}{a} \cdot \cos(ax)$
$\cos(ax)$	$\frac{1}{a} \cdot \sin(ax)$

Konstante c: Das Ableiten einer Konstanten ist gleich Null, daher ergibt die Aufleitung von Null eine Konstante ($f(x) = 0 \Rightarrow F(x) = c = const$). Wenn $F(x)$ die Stammfunktion zu einer Funktion $f(x)$ ist, ist auch $F(x) + c$ eine Stammfunktion zu dieser Funktion. In vielen Abituraufgaben muss die Konstante c mit einer Anfangs- oder Nebenbedingung bestimmt werden.

Ermittelte Stammfunktionen lassen sich durch Ableiten überprüfen!

Analysis - Integrieren

Bestimmung von Flächeninhalten zwischen Funktion und x-Achse

Geometrisch entspricht das Integral dem orientierten (d.h. vorzeichenbehafteten) Flächeninhalt zwischen der Funktion und der x-Achse. Flächen oberhalb der x-Achse sind positiv, Flächen unterhalb der x-Achse sind negativ. Zur Berechnung dieses Flächeninhaltes müssen daher zunächst die Nullstellen der Funktion bestimmt werden.

Keine Nullstellen: Falls zwischen den Grenzen a und b keine Nullstellen existieren, berechnet man den Flächeninhalt mit dem oben angegebenen Hauptsatz der Integralrechnung. Flächen unterhalb der x-Achse führen zu einem negativen Ergebnis. Daher muss von dem Ergebnis noch der Betrag gebildet werden:

$$A = |[F(x)]_a^b|$$

Eine oder mehrere Nullstellen: Falls es eine oder mehrere Nullstellen zwischen den Grenzen a und b gibt, müssen die Integrale getrennt berechnet werden (z.B. bei zwei Nullstellen die Integrale von a bis n_1, von n_1 bis n_2 und von n_2 bis b). Anschließend werden von den einzelnen Ergebnissen wieder die Beträge gebildet. Der gesuchte Flächeninhalt ergibt sich durch Addition der einzelnen Beträge.

Beispiel: Der Flächeninhalt, den die Funktion $f(x) = \sin(\pi \cdot x) \cdot (x - 4{,}5)$ zwischen den Grenzen $a = 0$ und $b = 4$ mit der x-Achse einschließt, soll berechnet werden

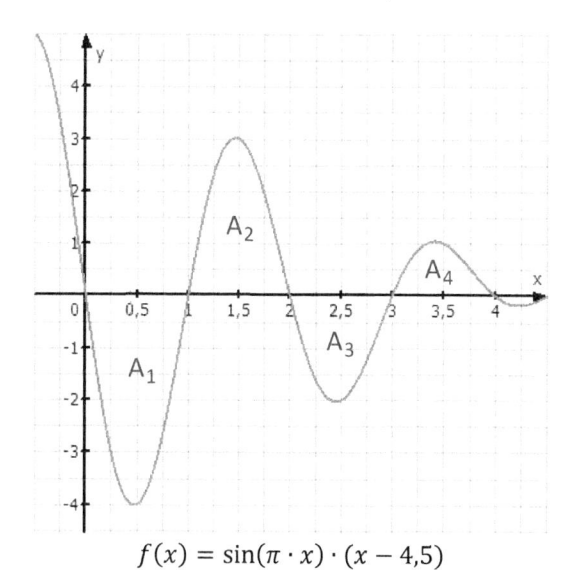

$$f(x) = \sin(\pi \cdot x) \cdot (x - 4{,}5)$$

Zwischen den Grenzen $a = 0$ und $b = 4$ besitzt die Funktion drei Nullstellen bei $x_1 = 1$, $x_2 = 2$ und $x_3 = 3$. Der Flächeninhalt ergibt sich somit zu:

$$A_{ges} = A_1 + A_2 + A_3 + A_4 = |[F(x)]_0^1| + |[F(x)]_1^2| + |[F(x)]_2^3| + |[F(x)]_3^4|$$

Berechnung mit Taschenrechner: Beim Berechnen des Integrals mit einem Taschenrechner kann auf die Bestimmung der Nullstellen und das getrennte Berechnen der einzelnen Integrale verzichtet werden, wenn der Betrag der Funktion zum Integrieren eingegeben wird. Durch den Betrag werden alle Einzelflächen positiv (siehe Kapitel 5.3 Weitere Funktionen, MATH-Menü).

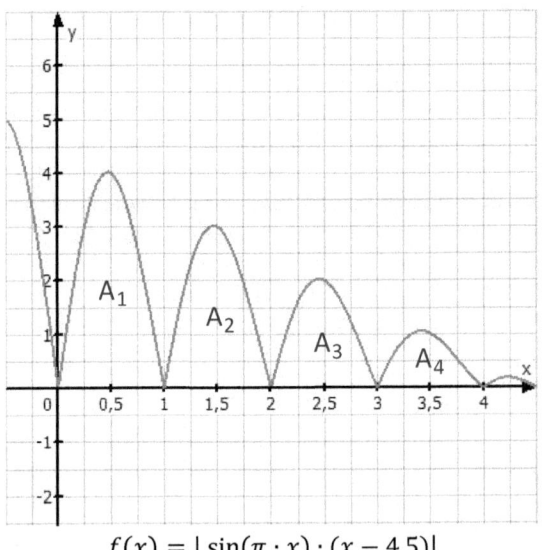

$$f(x) = |\sin(\pi \cdot x) \cdot (x - 4{,}5)|$$

$$A_{ges} = A_1 + A_2 + A_3 + A_4 = \int_0^4 |f(x)|\, dx = [|F(x)|]_0^4$$

Bestimmung von Flächeninhalten zwischen zwei Funktionen

Zur Berechnung des Flächeninhaltes, der von zwei Funktionen eingeschlossen wird, müssen zunächst die Schnittpunkte der Funktionen bestimmt werden. Die x-Koordinaten dieser Schnittpunkte bilden die Grenzen a und b. Anschließend wird das Integral vom Betrag der Differenzfunktion $f(x) - g(x)$ gebildet.

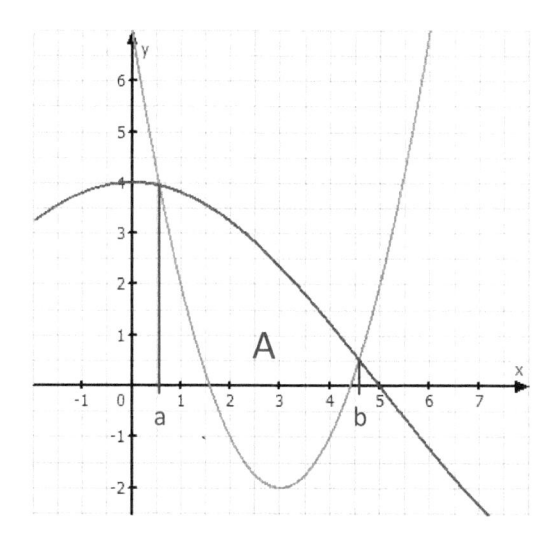

$$A = \int_a^b |f(x) - g(x)|\, dx = [|F(x) - G(x)|]_a^b$$

Mittelwert

Eine typische Anwendungsaufgabe zur Integralrechnung ist die Frage nach einem Mittelwert.

Der Mittelwert einer Funktion $f(x)$ über dem Intervall $[a, b]$ beträgt:

$$\text{Mittelwert } m = \frac{1}{b-a} \int_a^b f(x)\, dx$$

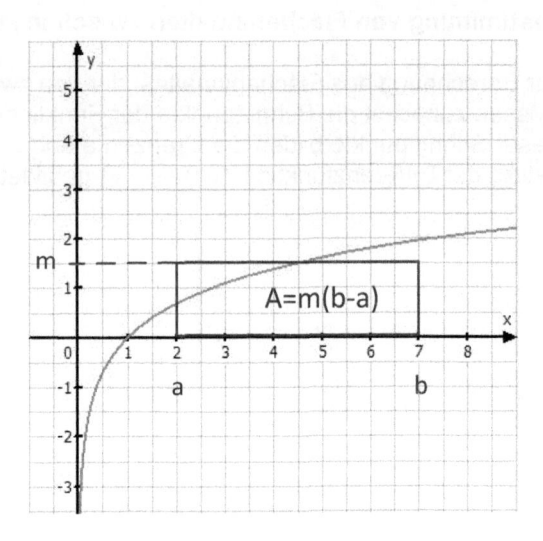

Beispiel:

Die Geschwindigkeit eines Motorbootes $v(t)$ (in $\frac{m}{min}$) wird beschrieben durch
$$v(t) = 960 \cdot e^{-t} - 960 \cdot e^{-2t}; \quad mit\ t \geq 0$$

Welche mittlere Geschwindigkeit hat das Motorboot in den ersten 5 Minuten?

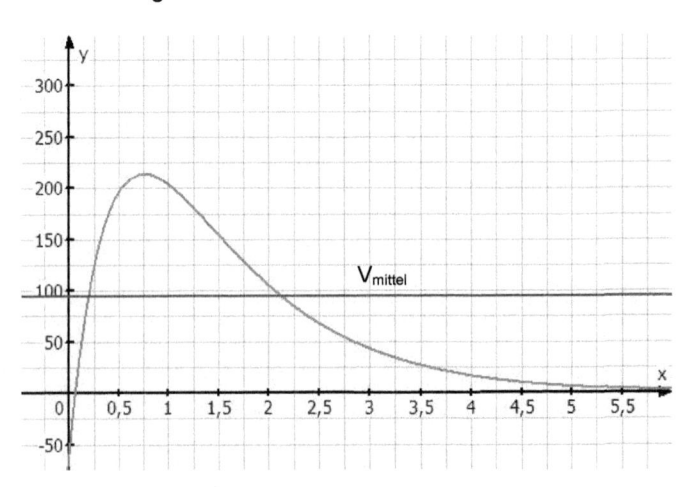

$$v_{mittel} = \frac{1}{5-0} \int_0^5 (960 \cdot e^{-t} - 960 \cdot e^{-2t})\, dx = 94{,}7\ \frac{m}{min}$$

Analysis - Integrieren

Rotationskörper

Eine weitere Anwendungsaufgabe zur Integralrechnung ist die Berechnung eines Rotationskörpers. Die Form des Körpers wird durch den Graph der Funktion $f(x)$ und den Grenzen a und b beschrieben. Der Körper rotiert um die x-Achse als Drehachse.

Das Volumen dieses Rotationskörpers über dem Intervall $[a, b]$ beträgt:

$$Volumen\ V = \pi \cdot \int_a^b f^2(x)\ dx$$

Zur Berechnung eines hohlen Rotationskörpers müssen zwei Volumen getrennt berechnet werden.

Manchmal muss eine Funktionen zunächst in y-Richtung verschoben werden, damit die Formel angewendet werden darf und eine Rotation um die x-Achse entsteht.

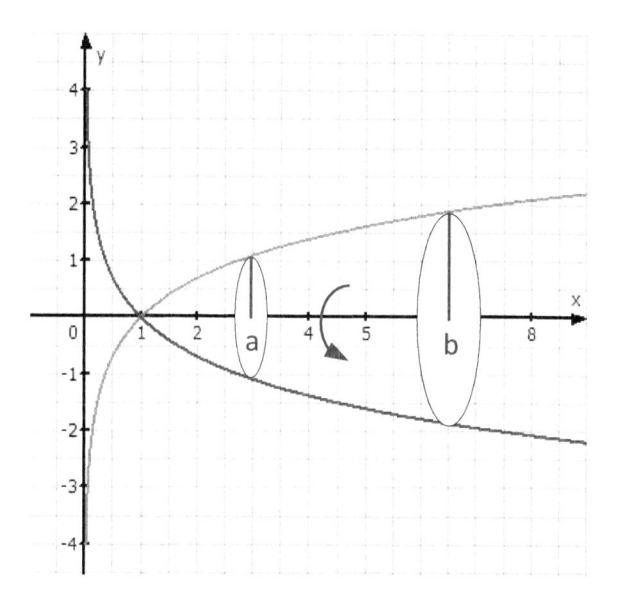

Beispiel:

Gegeben sind die Funktionen $f_1(x) = \frac{4}{x^3+4}$ und $f_2(x) = \frac{4}{x^3+8}$. Ihre Schaubilder K_1 und K_2 schließen mit der y-Achse und der Geraden x = 2 eine Fläche V ein. Bei Rotation dieser Fläche um die x-Achse entsteht ein Drehkörper, der als Düse benutzt wird (Längeneinheit 1 cm). Berechnen Sie die Masse einer solchen Düse, die aus Titan mit einer Dichte von 4,5 $\frac{g}{cm^3}$ besteht.

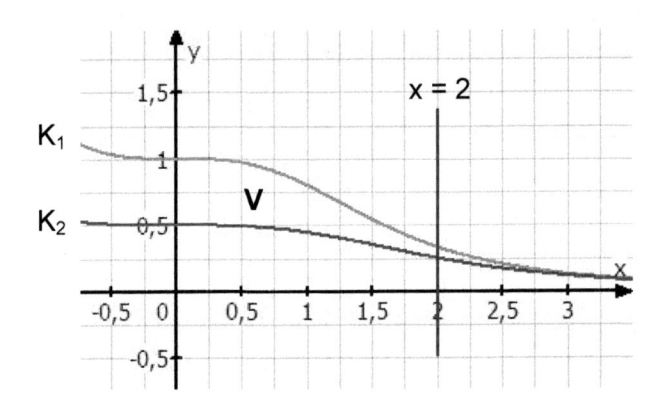

Die Düse ist ein hohler Rotationskörper. Zur Berechnung des Düsenvolumens muss daher die Differenz aus zwei einzelnen Volumen bestimmt werden.

$$V = V_1 - V_2 = \pi \cdot \int_0^2 \left(\frac{4}{x^3+4}\right)^2 dx - \pi \cdot \int_0^2 \left(\frac{4}{x^3+8}\right)^2 dx = 2{,}7 \; cm^3$$

Die Dichte ist die Masse eines Körpers geteilt durch sein Volumen (Formelsammlung):

$$\rho = \frac{m}{V}$$

Hierdurch ergibt sich die Masse der Düse:

$$m = \rho \cdot V = 4{,}5 \; \frac{g}{cm^3} \cdot 2{,}7 \; cm^3 = 12{,}15 \; g$$

Analysis - Integrieren

Integralfunktion

Die Integralfunktion ordnet jedem x-Wert den Wert des Integrals mit der unteren Grenze a und der oberen Grenze x zu:

$$Integralfunktion\ I(x) = \int_a^x f(u)du$$

Die Funktionsvariable (hier z.B. u) darf nicht mit der Integrationsvariablen (hier z.B. x) verwechselt werden.

Beispiel:

Die Geschwindigkeit eines Motorbootes $v(t)$ (in $\frac{m}{min}$) wird beschrieben durch

$$v(t) = 960 \cdot e^{-t} - 960 \cdot e^{-2t};\ \ mit\ t \geq 0$$

Bestimmen Sie einen Term der Funktion, die den vom Motorboot zurückgelegten Weg in Abhängigkeit von der Zeit beschreibt.

Die Funktion des Weges ergibt sich aus der Integralfunktion der Geschwindigkeit:

$s(x) = \int_0^x v(u)\ du = \int_0^x (960 \cdot e^{-u} - 960 \cdot e^{-2u})\ du = \ldots = 480 \cdot e^{-2x} - 960 \cdot e^{-x} + 480$

2.10 Differenzialgleichungen und Wachstum

Eine Gleichung, in der eine gesuchte Funktion sowie die Ableitung dieser Funktion enthalten sind, nennt man Differenzialgleichung. Im Abitur müssen keine Differenzialgleichungen gelöst werden. Zur Bestimmung der Lösung reicht die Formelsammlung.

Mit Differenzialgleichungen können viele Naturgesetze beschrieben werden. Beispiele hierfür sind das exponentielle und das beschränkte Wachstum.

Exponentielles Wachstum

Beim exponentiellen Wachstum ist die Wachstumsrate proportional zu einem aktuellen Bestand (z.B. Wachstum einer Bakterienkultur im Anfangsstadium):

$$B'(t) = k \cdot B(t)$$

Die Lösung zu dieser Differenzialgleichung lautet:

$$B(t) = B(0) \cdot e^{kt}$$

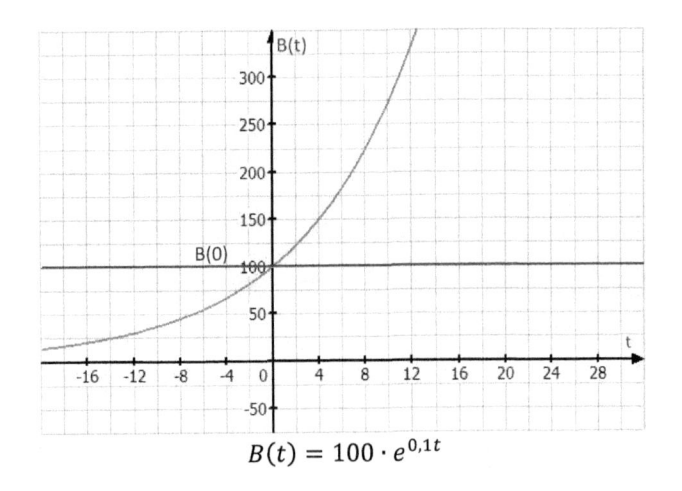

$$B(t) = 100 \cdot e^{0,1t}$$

Hierbei ist $B(0)$ der Anfangsbestand für $t = 0$ und k ein Proportionalitätsfaktor, der entweder gegeben ist oder durch eine Nebenbedingung ausgerechnet werden kann.

Analysis - Differenzialgleichungen und Wachstum

Beschränktes Wachstum

Beim beschränkten Wachstum ist die Wachstumsrate proportional zur Differenz aus einer Schranke (auch Sättigungswert genannt) und dem aktuellen Bestand. Diese Differenz entspricht dem noch maximal möglichen Wachstum und wird mit fortschreitender Zeit und zunehmendem Bestand immer kleiner (z.B. Anzahl Fische in einem kleinen Teich):

$$B'(t) = k \cdot (S - B(t))$$

$$B(t) = 250 + (100 - 250) \cdot e^{-0,1t}$$

Die Lösung zu dieser Differenzialgleichung lautet:

$$B(t) = S + (B(0) - S) \cdot e^{-kt}$$

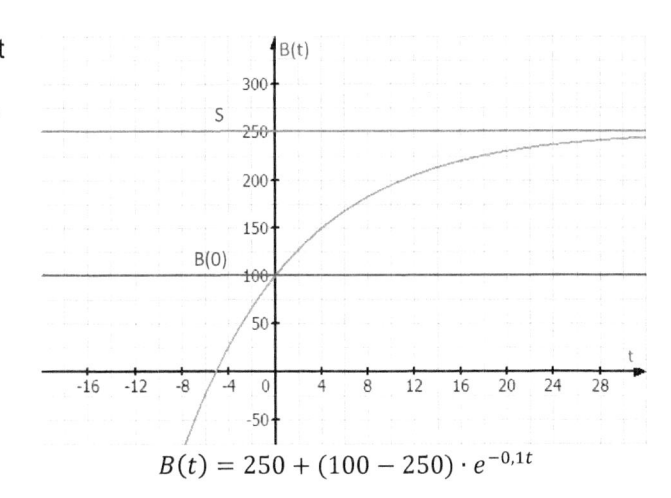

Wieder ist $B(0)$ der Anfangsbestand für $t = 0$ und k der Proportionalitätsfaktor.

Beispiel:

In einem Behälter mit Zu- und Abfluss befinden sich zu Beginn 500 Liter Wasser. Die Zuflussrate ist konstant, die Abflussrate beträgt 1% des jeweiligen Behälterinhalts pro Minute.

Für die Änderungsrate des Inhalts gilt:

$$B'(t) = Rate_{zu} - Rate_{ab}$$

$$= Rate_{zu} - 0,01 \cdot B(t)$$

$$= k \cdot (S - B(t))$$

$$= k \cdot S - k \cdot B(t)$$

Damit sich die Wassermenge im Behälter nicht ändert, muss gelten:

$$B'(t) = Rate_{zu} - 0{,}01 \cdot B(t) = 0$$

$$Rate_{zu} = 0{,}01 \cdot 500 \, \frac{l}{s} = 5 \, \frac{l}{s}$$

Damit sich höchstens 800 Liter Wasser im Behälter befinden, muss für die maximale Zuflussrate gelten:

$$Rate_{zu,max} = k \cdot S = 0{,}01 \cdot 800 \, \frac{l}{s} = 8 \, \frac{l}{s}$$

3 Geometrie
3.1 Rechenregeln

Vektor und Betrag

Vektoren sind ortsunabhängige Größen, die über einen Betrag (bzw. Länge) und eine Richtung definiert sind. Im dreidimensionalen, rechtwinkeligen Koordinatensystem werden Vektoren durch ein Zahlentripel dargestellt:

$$\vec{x} = \begin{pmatrix} x_1 \\ x_2 \\ x_3 \end{pmatrix}$$

Dieses Zahlentripel beschreibt die geradlinige Verschiebung eines Punktes (bzw. einer Punktmenge), die sich aus drei einzelnen Verschiebungen entlang der drei Koordinatenachsen zusammensetzt. Der Betrag eines Vektors (bzw. die Länge dieser Verschiebung) berechnet sich aus:

$$|\vec{x}| = \sqrt{x_1^2 + x_2^2 + x_3^2}$$

Einheitsvektor

Ein Vektor mit der Länge Eins wird Einheitsvektor genannt. Man erhält ihn durch Division des Vektors durch seinen Betrag:

$$\vec{x_0} = \frac{\vec{x}}{|\vec{x}|} = \frac{1}{|\vec{x}|} \cdot \begin{pmatrix} x_1 \\ x_2 \\ x_3 \end{pmatrix} = \begin{pmatrix} \frac{x_1}{|\vec{x}|} \\ \frac{x_2}{|\vec{x}|} \\ \frac{x_3}{|\vec{x}|} \end{pmatrix}$$

Addition

Die Addition zweier Vektoren ergibt wieder einen Vektor:

$$\vec{a} + \vec{b} = \begin{pmatrix} a_1 \\ a_2 \\ a_3 \end{pmatrix} + \begin{pmatrix} b_1 \\ b_2 \\ b_3 \end{pmatrix} = \begin{pmatrix} a_1 + b_1 \\ a_2 + b_2 \\ a_3 + b_3 \end{pmatrix}$$

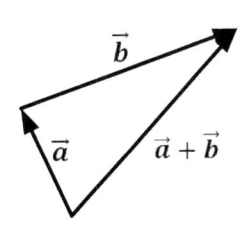

Multiplikation

Bei der Multiplikation eines Vektors mit einer reellen Zahl (auch Skalar genannt) ändert sich der Betrag (bzw. die Länge) des Vektors. Bei einem positiven Skalar bleibt seine Richtung unverändert, bei einem negativen Skalar kehrt sich seine Richtung um.

$$r \cdot \vec{a} = r \cdot \begin{pmatrix} a_1 \\ a_2 \\ a_3 \end{pmatrix} = \begin{pmatrix} r \cdot a_1 \\ r \cdot a_2 \\ r \cdot a_3 \end{pmatrix}$$

Skalarprodukt

Das Produkt zweier Vektoren ergibt eine reelle Zahl, das sogenannte Skalarprodukt:

$$\vec{a} \cdot \vec{b} = \begin{pmatrix} a_1 \\ a_2 \\ a_3 \end{pmatrix} \cdot \begin{pmatrix} b_1 \\ b_2 \\ b_3 \end{pmatrix} = a_1 \cdot b_1 + a_2 \cdot b_2 + a_3 \cdot b_3$$

Geometrisch entspricht dieses Skalarprodukt der senkrechten Projektion des Vektors $\vec{b}$ auf den Vektor $\vec{a}$. Zwei Vektoren stehen senkrecht zueinander, wenn ihr Skalarprodukt Null ergibt:

$$\vec{a} \cdot \vec{b} = 0 \Rightarrow \vec{a} \text{ senkrecht zu } \vec{b}$$

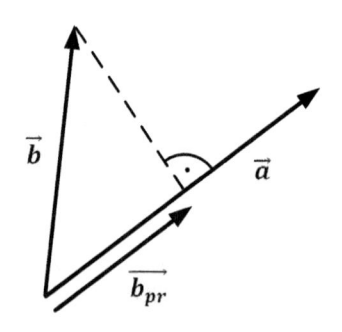

Beispiel:

$$\vec{a} \cdot \vec{b} = \begin{pmatrix} 2 \\ -1 \\ 3 \end{pmatrix} \cdot \begin{pmatrix} -2 \\ 0 \\ 5 \end{pmatrix} = -4 + 0 + 15 = 11$$

Geometrie - Rechenregeln

Kreuzprodukt

Das Kreuzprodukt $\vec{a} \times \vec{b}$ zweier Vektoren ergibt einen Vektor, der senkrecht zu den beiden Vektoren $\vec{a}$ und $\vec{b}$ steht.

Der Betrag des Kreuzproduktes entspricht der Fläche des Parallelogramms, welches durch die Vektoren $\vec{a}$ und $\vec{b}$ aufgespannt wird.

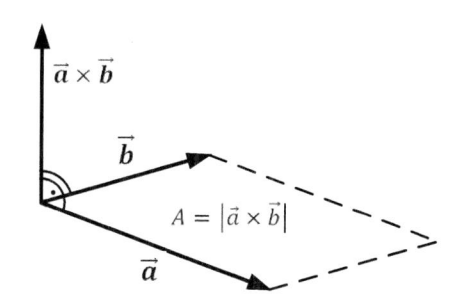

Als Merkregel zur Berechnung des Kreuzproduktes kann man die beiden Vektoren zweimal untereinander schreiben. Die obere und untere Zeile wird für die Rechnung nicht weiter verwendet und daher durchgestrichen. Anschließend werden die verbleibenden Koordinaten kreuzweise miteinander multipliziert und subtrahiert:

$$\vec{a} \times \vec{b} = \begin{pmatrix} a_1 \\ a_2 \\ a_3 \end{pmatrix} \times \begin{pmatrix} b_1 \\ b_2 \\ b_3 \end{pmatrix} = \begin{pmatrix} \cancel{a_1} & \cancel{b_1} \\ a_2 & b_2 \\ a_3 & b_3 \\ a_1 & b_1 \\ a_2 & b_2 \\ \cancel{a_3} & \cancel{b_3} \end{pmatrix} = \begin{pmatrix} a_2 \cdot b_3 - a_3 \cdot b_2 \\ a_3 \cdot b_1 - a_1 \cdot b_3 \\ a_1 \cdot b_2 - a_2 \cdot b_1 \end{pmatrix}$$

Das Kreuzproduckt eignet sich gut zur Bestimmung von Flächen, bei denen die Vektoren $\vec{a}$ und $\vec{b}$ ein Parallelogramm aufspannen. Die Halbierung dieser Fläche ergibt den Flächeninhalt eines Dreiecks:

$$A_{Parallelogramm} = |\vec{a} \times \vec{b}| \qquad\qquad A_{Dreieck} = \frac{1}{2} |\vec{a} \times \vec{b}|$$

Beispiel:

$$\vec{a} \times \vec{b} = \begin{pmatrix} 1 \\ 0 \\ 2 \end{pmatrix} \times \begin{pmatrix} -1 \\ 1 \\ 0 \end{pmatrix} = \begin{pmatrix} 0 - (2 \cdot 1) \\ 2 \cdot (-1) - 0 \\ 1 \cdot 1 - 0 \end{pmatrix} = \begin{pmatrix} -2 \\ -2 \\ 1 \end{pmatrix}$$

3.2 Lineare Abhängigkeit, lineare Gleichungssysteme

Vektoren sind linear abhängig, wenn sich einer der Vektoren durch Addition beliebiger Vielfacher der anderen Vektoren darstellen lässt:

$$r_1 \cdot \vec{a}_1 + r_2 \cdot \vec{a}_2 + \ldots + r_{n-1} \cdot \vec{a}_{n-1} = \vec{a}_n$$

Diese Gleichung lässt sich als lineares Gleichungssystem schreiben:

$$\Rightarrow \quad r_1 \cdot \begin{pmatrix} a_{1,1} \\ \vdots \\ a_{1,n} \end{pmatrix} + r_2 \cdot \begin{pmatrix} a_{2,1} \\ \vdots \\ a_{2,n} \end{pmatrix} + \ldots + r_{n-1} \cdot \begin{pmatrix} a_{n-1,1} \\ \vdots \\ a_{n-1,n} \end{pmatrix} = \begin{pmatrix} a_{n,1} \\ \vdots \\ a_{n,n} \end{pmatrix}$$

$$\Rightarrow \quad \begin{aligned} r_1 \cdot a_{1,1} + r_2 \cdot a_{2,1} + \ldots + r_{n-1} \cdot a_{n-1,1} &= a_{n,1} \\ r_1 \cdot a_{1,2} + r_2 \cdot a_{2,2} + \ldots + r_{n-1} \cdot a_{n-1,2} &= a_{n,2} \\ &\vdots \\ r_1 \cdot a_{1,n} + r_2 \cdot a_{2,n} + \ldots + r_{n-1} \cdot a_{n-1,n} &= a_{n,n} \end{aligned}$$

Falls sich dieses Gleichungssystem (entweder mit einer oder unendlichen vielen Lösungen) lösen lässt, sind die Vektoren $\vec{a}_1, \vec{a}_2, \ldots, \vec{a}_{n-1}$ und a_n linear abhängig. Bei keiner gültigen Lösung sind die Vektoren linear unabhängig.

Zwei Vektoren

Zwei Vektoren sind linear abhängig, wenn sich der eine Vektor durch ein Vielfaches des anderen Vektors darstellen lässt. In diesem Fall sind sie auch parallel zueinander:
$$r_1 \cdot \vec{a}_1 = \vec{a}_2$$

Drei Vektoren

Drei Vektoren sind linear abhängig, wenn sie in einer Ebene liegen:

$$r_1 \cdot \vec{a}_1 + r_2 \cdot \vec{a}_2 = \vec{a}_3$$

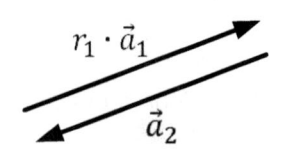

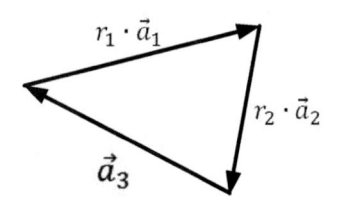

Beispiel:

Untersuchen Sie, ob die Vektoren $\begin{pmatrix}-2\\-3\\4\end{pmatrix}$, $\begin{pmatrix}4\\3\\-2\end{pmatrix}$ und $\begin{pmatrix}2\\-2\\1\end{pmatrix}$ linear unabhängig sind.

Um zu zeigen, dass die drei Vektoren linear unabhängig sind, darf es für das folgende Gleichungssystem keine Lösung geben:

	I	$-2r + 4s = 2$	$\cdot 3$
	II	$-3r + 3s = -2$	$\cdot (-2)$
	III	$4r - 2s = 1$	

	I	$-6r + 12s = 6$
	II	$6r - 6s = 4$
	III	$4r - 2s = 1$

I und II addieren

	I+II	$6s = 10$	$\Rightarrow s = \dfrac{5}{3}$
	II	$6r - 6s = 4$	
	III	$4r - 2s = 1$	

mit s eingesetzt: II $6r - 10 = 4$ $\Rightarrow r = \dfrac{7}{3}$

mit s und r eingesetzt: III $4r - 2s = 1$

	III	$\dfrac{28}{3} - \dfrac{10}{3} = 6 \neq 1$	$\Rightarrow$ falsche Aussage

Aus den Gleichungen I und II ergeben sich Lösungen für die Parameter r und s. Diese werden in die Gleichung III eingesetzt und führen zu einer falschen Aussage. Weil es für das Gleichungssystem keine gültige Lösung gibt, sind die Vektoren linear unabhängig.

3.3 Gerade und Ebene

Gerade in Parameterform

Eine Gerade wird durch zwei Punkte A und B definiert, die auf der Gerade liegen. Diese Gerade lässt sich mit dem Ortsvektor $\overrightarrow{OA}$ und dem Richtungsvektor $\overrightarrow{AB}$ beschreiben (**Parametergleichung**):

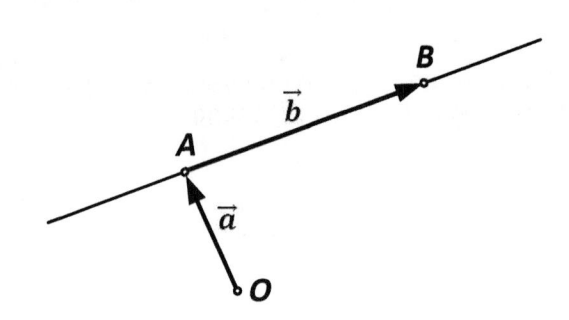

$$g: \vec{x} = \vec{a} + r\vec{b}$$

Ortsvektor $\vec{a} = \overrightarrow{OA}$

Richtungsvektor $\vec{b} = \overrightarrow{AB}$

Ebene in Parameterform

Eine Ebene wird durch drei Punkte A, B und C definiert, die in der Ebene liegen. Diese Ebene lässt sich mit dem Ortsvektor $\overrightarrow{OA}$ und den Richtungsvektoren $\overrightarrow{AB}$ und $\overrightarrow{AC}$ beschreiben (**Parametergleichung**):

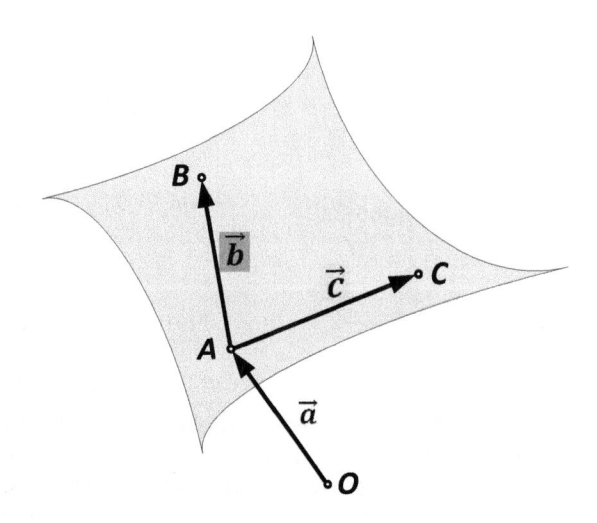

$$E: \vec{x} = \vec{a} + r\vec{b} + s\vec{c}$$

Ortsvektor $\vec{a} = \overrightarrow{OA}$

Richtungsvektor $\vec{b} = \overrightarrow{AB}$

Richtungsvektor $\vec{c} = \overrightarrow{AC}$

Statt der drei Punkte, kann eine Ebene auch definiert werden durch:
- eine Gerade und ein Punkt, der nicht auf der Geraden liegt
- zwei echt parallele Geraden
- zwei sich schneidende Geraden.

Auch in diesen Fällen lässt sich die Ebene durch einen Ortsvektor und zwei Richtungsvektoren beschreiben.

Geometrie - Gerade und Ebene

Ebene in Normalenform

Eine Ebene E kann auch durch einen Vektor $\vec{n}$, der senkrecht zur Ebene steht (Normalenvektor genannt) und einen Punkt P, der in der Ebene liegt, definiert werden. Der Vektor vom Punkt P zu einem beliebigen Punkt X in der Ebene $(\vec{x} - \vec{p})$ steht senkrecht zum Normalenvektor $\vec{n}$.

Das Skalarprodukt senkrechter Vektoren ist gleich Null. Daher lautet die **Normalengleichung** der Ebene:

$$E: (\vec{x} - \vec{p}) \cdot \vec{n} = 0$$

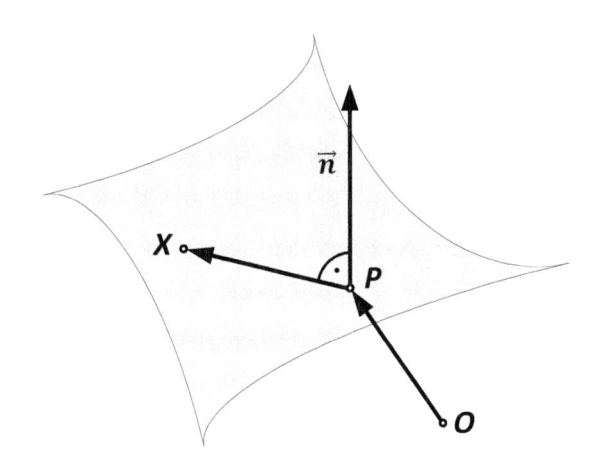

Ebene in Koordinatenform

Als weitere Möglichkeit kann eine Ebene E durch ihre **Koordinatengleichung** definiert werden. Sie ergibt sich durch Ausmultiplizieren der Normalengleichung:

$$E: (\vec{x} - \vec{p}) \cdot \vec{n} = 0$$

$$\Rightarrow \left(\begin{pmatrix} x_1 \\ x_2 \\ x_3 \end{pmatrix} - \begin{pmatrix} p_1 \\ p_2 \\ p_3 \end{pmatrix} \right) \cdot \begin{pmatrix} n_1 \\ n_2 \\ n_3 \end{pmatrix} = 0$$

$$\Rightarrow E: x_1 n_1 + x_2 n_2 + x_3 n_3 = (p_1 n_1 + p_2 n_2 + p_3 n_3) = d$$

$$\Rightarrow E: \vec{x} \cdot \vec{n} = d$$

Ebene in Hessescher Normalform

Die vierte Möglichkeit eine Ebene zu definieren, ist die **Hessesche Normalform.** Sie ähnelt der Normalen- und Koordinatenform, allerdings wird der normierte Normalenvektor zur Definition der Ebene verwendet:

$$E: \vec{x} \cdot \vec{n_0} = d$$

Der Abstand dieser Ebene mit dem Normalenvektor $\vec{n_0}$ zum Ursprung beträgt d. Der Abstand s eines Punktes P zu dieser Ebene ergibt sich, indem der Punkt P in die Normalenform der Ebene eingesetzt wird:

$$s = \vec{p} \cdot \vec{n_0} - d$$

Die Hessesche Normalform eignet sich daher sehr gut zur Berechnung von Abständen zwischen Punkt und Ebene.

Beispiel:

Gegeben sind die Punkte $A = (3|3|1)$, $B = (2|-1|-2|)$ und $C = (6|3|2|)$.

Die **Parametergleichung** der Ebene, in der die Punkte A, B und C liegen, lautet:

$$E: \vec{x} = \overrightarrow{0A} + r\overrightarrow{AB} + s\overrightarrow{AC} = \begin{pmatrix} 3 \\ 3 \\ 1 \end{pmatrix} + r \begin{pmatrix} -1 \\ -4 \\ -3 \end{pmatrix} + s \begin{pmatrix} 3 \\ 0 \\ 1 \end{pmatrix}$$

Der Normalenvektor dieser Ebene ergibt sich aus dem Kreuzprodukt ihrer Richtungsvektoren $\overrightarrow{AB}$ und $\overrightarrow{AC}$:

$$\vec{n} = \overrightarrow{AB} \times \overrightarrow{AC} = \begin{pmatrix} -1 \\ -4 \\ -3 \end{pmatrix} \times \begin{pmatrix} 3 \\ 0 \\ 1 \end{pmatrix} = \begin{pmatrix} -4 + 0 \\ -9 + 1 \\ 0 + 12 \end{pmatrix} = \begin{pmatrix} -4 \\ -8 \\ 12 \end{pmatrix} = (-4) \cdot \begin{pmatrix} 1 \\ 2 \\ -3 \end{pmatrix}$$

Die **Normalengleichung** der Ebene lautet daher (z. B. mit Punkt A eingesetzt):

$$E: (\vec{x} - \vec{p}) \cdot \vec{n} = \left(\vec{x} - \begin{pmatrix} 3 \\ 3 \\ 1 \end{pmatrix} \right) \cdot \begin{pmatrix} 1 \\ 2 \\ -3 \end{pmatrix} = 0$$

Durch Ausmultiplizieren dieser Gleichung ergibt sich die **Koordinatengleichung** der Ebene:

$$E: x_1 + 2x_2 - 3x_3 = (3 + 6 - 3) = 6$$

Geometrie - Gerade und Ebene

Spurpunkte

Die Koordinatenform eignet sich sehr gut, um die Lage einer Ebene in einem Koordinatensystem zu skizzieren. Hierfür werden die Schnittpunkte der Ebene mit den Koordinatenachsen (auch Spurpunkte genannt) ermittelt:

Schnittpunkt mit	Bedingung	Spurpunkt für $E: n_1 x_1 + n_2 x_2 + n_3 x_3 = d$	Beispiel: Spurpunkt für $E: 4x_1 + 2x_2 + 3x_3 = 12$
x_1 – Achse	$x_2 = x_3 = 0$	$\begin{pmatrix} \frac{d}{n_1} \\ 0 \\ 0 \end{pmatrix}$	$\begin{pmatrix} 3 \\ 0 \\ 0 \end{pmatrix}$
x_2 – Achse	$x_1 = x_3 = 0$	$\begin{pmatrix} 0 \\ \frac{d}{n_2} \\ 0 \end{pmatrix}$	$\begin{pmatrix} 0 \\ 6 \\ 0 \end{pmatrix}$
x_3 – Achse	$x_1 = x_2 = 0$	$\begin{pmatrix} 0 \\ 0 \\ \frac{d}{n_3} \end{pmatrix}$	$\begin{pmatrix} 0 \\ 0 \\ 4 \end{pmatrix}$

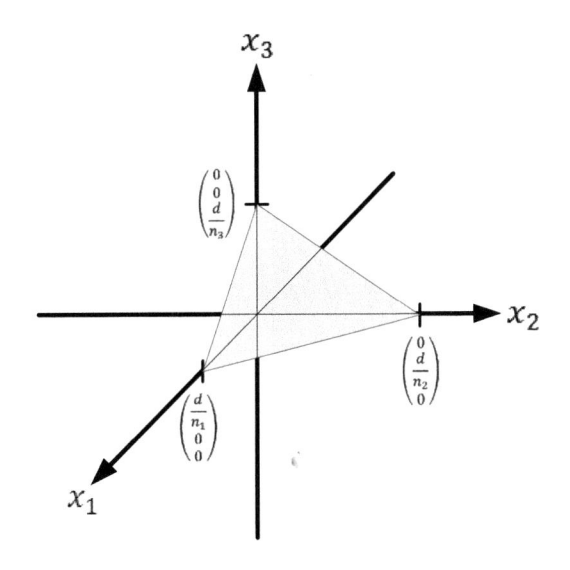

Besondere Ebenen

Ebene	Koordinatenform	Normalenform	Skizze
senkrecht zur x_1-Achse (bzw. parallel zur x_2x_3-Ebene)	$x_1 = d$	$\vec{x} \cdot \begin{pmatrix} 1 \\ 0 \\ 0 \end{pmatrix} = d$	
x_2x_3- Ebene	$x_1 = 0$	$\vec{x} \cdot \begin{pmatrix} 1 \\ 0 \\ 0 \end{pmatrix} = 0$	

Geometrie - Gerade und Ebene

Ebene	Koordinatenform	Normalenform	Skizze
senkrecht zur x_2-Achse (bzw. parallel zur x_1x_3-Ebene)	$x_2 = d$	$\vec{x} \cdot \begin{pmatrix} 0 \\ 1 \\ 0 \end{pmatrix} = d$	
x_1x_3- Ebene	$x_2 = 0$	$\vec{x} \cdot \begin{pmatrix} 0 \\ 1 \\ 0 \end{pmatrix} = 0$	

Ebene	Koordinatenform	Normalenform	Skizze
senkrecht zur x_3-Achse (bzw. parallel zur x_1x_2-Ebene)	$x_3 = d$	$\vec{x} \cdot \begin{pmatrix} 0 \\ 0 \\ 1 \end{pmatrix} = d$	
x_1x_2- Ebene	$x_3 = 0$	$\vec{x} \cdot \begin{pmatrix} 0 \\ 0 \\ 1 \end{pmatrix} = 0$	

Geometrie - Lage, Abstand, Winkel und Spiegelung

3.4 Übersicht - Lage, Abstand, Winkel und Spiegelung

Im Wahlteil kommen häufig anwendungsorientierte Aufgaben vor, bei denen der Lösungsweg nicht sofort offensichtlich ist. Hier können zwei Fragen helfen:

1. Was soll in der Aufgabe bestimmt oder untersucht werden:
   a) eine gegenseitige Lage,
   b) ein Abstand,
   c) ein Winkel
   d) oder eine Spiegelung?

2. Welche geometrischen Elemente sollen bestimmt oder untersucht werden:
   a) ein Punkt (z.B. die Spitze einer Pyramide),
   b) eine Gerade (z.B. die Flugbahn eine Flugzeuges)
   c) oder eine Ebene (z.B. die Dachfläche eines Gebäudes)?

Durch die Beantwortung dieser Fragen kann die Aufgabe wahrscheinlich einem der nachfolgenden Aufgabentypen zugeordnet werden. Die verschiedenen Aufgabentypen werden in den nächsten Kapiteln erläutert:

Gegenseitige Lage
- Gegenseitige Lage zweier Geraden
- Gegenseitige Lage von Gerade und Ebene
- Gegenseitige Lage zweier Ebenen

Abstand
- Abstand zwischen zwei Punkten
- Abstand zwischen Punkt und Gerade
- Abstand zwischen Punkt und Ebene
- Abstand zwischen zwei parallelen Geraden
- Abstand zwischen zwei windschiefen Geraden
- Abstand zwischen Gerade und paralleler Ebene
- Abstand zwischen zwei parallelen Ebenen

Winkel
- Winkel zwischen zwei Geraden
- Winkel zwischen Gerade und Ebene
- Winkel zwischen zwei Ebenen

Spiegelung
- Spiegelung von Punkt an Punkt
- Spiegelung von Gerade an Punkt
- Spiegelung von Punkt an Gerade
- Spiegelung von Punkt an Ebene

3.5 Gegenseitige Lage

Gegenseitige Lage zweier Geraden

Die gegenseitige Lage zweier Geraden lässt sich mit dem folgenden Schema bestimmen:
- Zunächst wird anhand der Richtungsvektoren der Geraden geprüft, ob sie zueinander parallel laufen.
- Falls dieses zutrifft, und die Geraden auch noch einen gemeinsamen Punkt besitzen, sind sie identisch.
- Falls die Geraden nicht zueinander parallel laufen, schneiden sie sich entweder in genau einem Schnittpunkt oder sie verlaufen windschief zueinander.

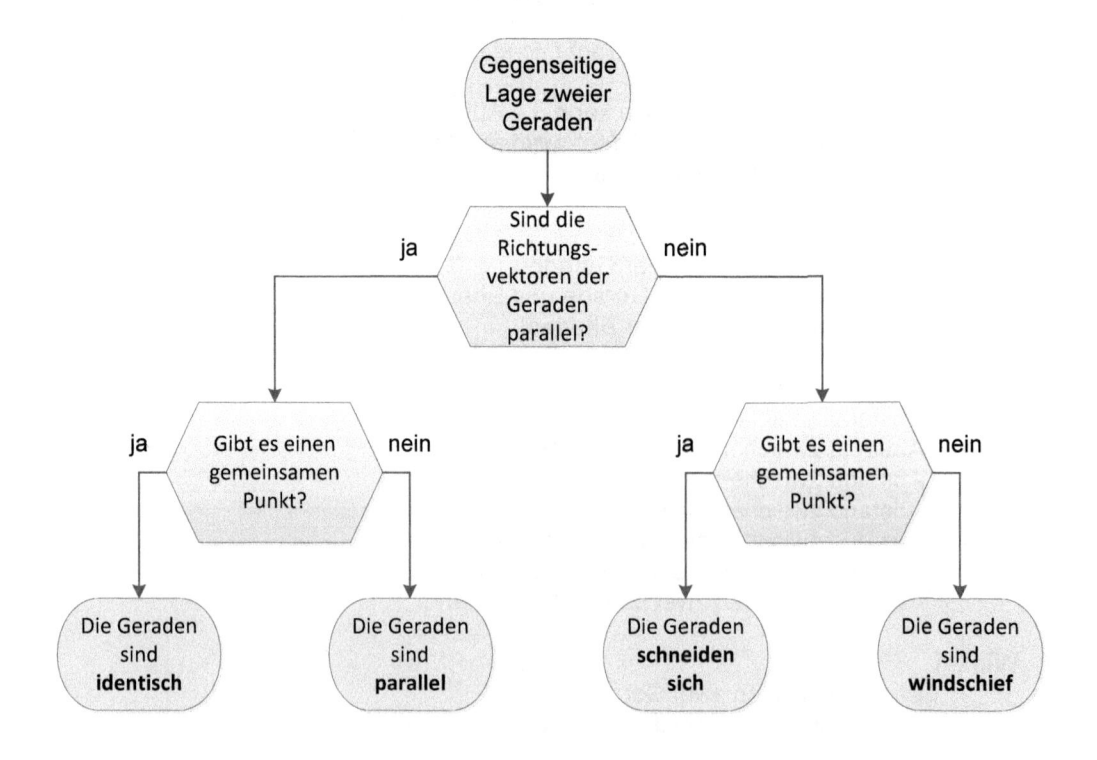

```
                    Gegenseitige
                    Lage zweier
                      Geraden
                         |
                         v
                    Sind die
          ja        Richtungs-        nein
     +------------- vektoren der -------------+
     |              Geraden                   |
     |              parallel?                 |
     v                                        v
  Gibt es einen                         Gibt es einen
  gemeinsamen                           gemeinsamen
    Punkt?                                Punkt?
 ja       nein                         ja         nein
  |         |                           |           |
  v         v                           v           v
Die       Die                         Die         Die
Geraden   Geraden                     Geraden     Geraden
sind      sind                        schneiden   sind
identisch parallel                    sich        windschief
```

Geometrie - Gegenseitige Lage

Parallele Geraden

Zwei Geraden
$$g: \vec{x} = \vec{a} + r\vec{b} \quad \text{und} \quad h: \vec{x} = \vec{c} + s\vec{d}$$

sind parallel, wenn sich der eine
Richtungsvektor durch ein Vielfaches
des anderen Richtungsvektors
darstellen lässt:

$$r\vec{b} = \vec{d}$$

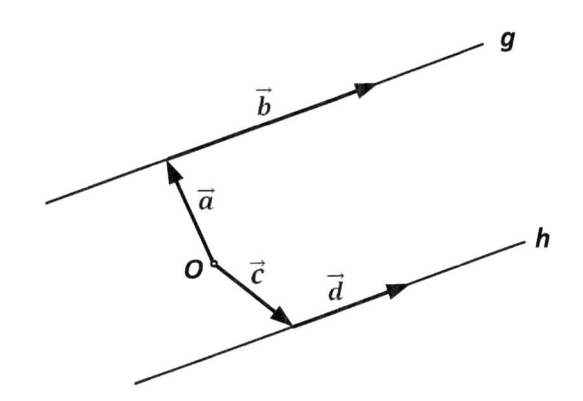

Beispiel:

Die Gerade $g: \vec{x} = \begin{pmatrix} 1 \\ -1 \\ -3 \end{pmatrix} + r \begin{pmatrix} 2 \\ -1 \\ 3 \end{pmatrix}$ ist parallel zur Gerade $h: \vec{x} = \begin{pmatrix} 5 \\ 2 \\ 3 \end{pmatrix} + r \begin{pmatrix} 4 \\ -2 \\ 6 \end{pmatrix}$, da sich

der eine Richtungsvektor durch ein Vielfaches des anderen Richtungsvektors darstellen lässt:

$$2 \cdot \begin{pmatrix} 2 \\ -1 \\ 3 \end{pmatrix} = \begin{pmatrix} 4 \\ -2 \\ 6 \end{pmatrix}$$

Identische Geraden

Zwei Geraden
$$g: \vec{x} = \vec{a} + r\vec{b} \quad \text{und} \quad h: \vec{x} = \vec{c} + s\vec{d}$$

sind identisch, wenn sie parallel sind
und zusätzlich einen gemeinsamen
Punkt besitzen.

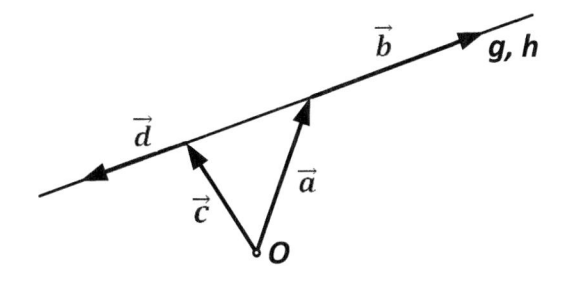

Beispiel:

Die Gerade $g: \vec{x} = \begin{pmatrix} 1 \\ -1 \\ -3 \end{pmatrix} + r \begin{pmatrix} 2 \\ -1 \\ 3 \end{pmatrix}$ ist parallel zur Gerade $h: \vec{x} = \begin{pmatrix} 3 \\ -2 \\ 0 \end{pmatrix} + r \begin{pmatrix} 4 \\ -2 \\ 6 \end{pmatrix}$, da

sich der eine Richtungsvektor durch ein Vielfaches des anderen Richtungsvektors darstellen lässt. Zusätzlich besitzen die Geraden den gemeinsamen Punkt $S = (3|-2|0)$.

Schnittpunkt von Geraden

Zwei Geraden
$$g: \vec{x} = \vec{a} + r\vec{b} \quad \text{und} \quad h: \vec{x} = \vec{c} + s\vec{d}$$

besitzen einen Schnittpunkt, wenn sich durch Gleichsetzen der Geradengleichungen eine gültige Lösung für die Koeffizienten r und s ergibt.

$$\vec{a} + r\vec{b} = \vec{c} + s\vec{d}$$

Den Schnittpunkt erhält man durch Einsetzen der Koeffizienten r bzw. s in die jeweilige Geradengleichung.

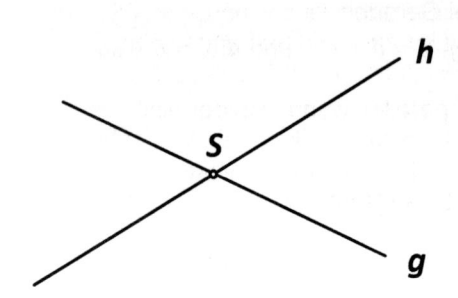

Beispiel:

Um einen möglichen Schnittpunkt der Gerade $g: \vec{x} = \begin{pmatrix} 5 \\ 5 \\ 1 \end{pmatrix} + r \begin{pmatrix} 2 \\ 1 \\ 0 \end{pmatrix}$ und

$h: \vec{x} = \begin{pmatrix} 1 \\ 3 \\ 1 \end{pmatrix} + s \begin{pmatrix} 2 \\ 1 \\ 1 \end{pmatrix}$ zu berechnen, werden die beiden Geraden gleichgesetzt:

$$\begin{pmatrix} 5 \\ 5 \\ 1 \end{pmatrix} + r \begin{pmatrix} 2 \\ 1 \\ 0 \end{pmatrix} = \begin{pmatrix} 1 \\ 3 \\ 1 \end{pmatrix} + s \begin{pmatrix} 2 \\ 1 \\ 1 \end{pmatrix}$$

Hierdurch ergibt sich folgendes Gleichungssystem:

I	$2r - 2s = -4$	
II	$r - s = -2$	
III	$-s = 0$	
I	$2r - 2s = -4$	$\Rightarrow r = -2$
II	$r - s = -2$	$\Rightarrow r = -2$

Durch Einsetzen von $r = -2$ bzw. $s = 0$ in die jeweilige Geradengleichung ergibt sich der Schnittpunkt $S = (2|1|1)$.

Geometrie - Gegenseitige Lage

Windschiefe Geraden

Zwei Geraden sind windschief, wenn sie nicht parallel sind und auch keinen gemeinsamen Schnittpunkt besitzen.

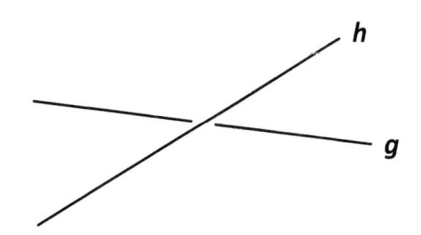

Gegenseitige Lage von Gerade und Ebene

Die gegenseitige Lage von einer Gerade zu einer Ebene lässt sich mit dem folgenden Schema bestimmen:
- Zunächst wird anhand des Normalenvektors der Ebene und des Richtungsvektors der Gerade untersucht, ob die Gerade parallel zur Ebene liegt.
- Falls dieses zutrifft, und die Gerade mit der Ebene auch noch einen gemeinsamen Punkt besitzt, liegt die Gerade in der Ebene. Für diese Überprüfung eignet sich am einfachsten der Stützpunkt der Geraden.
- Falls die Gerade nicht parallel zur Ebene verläuft, besitzen Gerade und Ebene genau einen Schnittpunkt. In diesem Fall kann noch zusätzlich überprüft werden, ob die Gerade senkrecht zur Ebene verläuft.

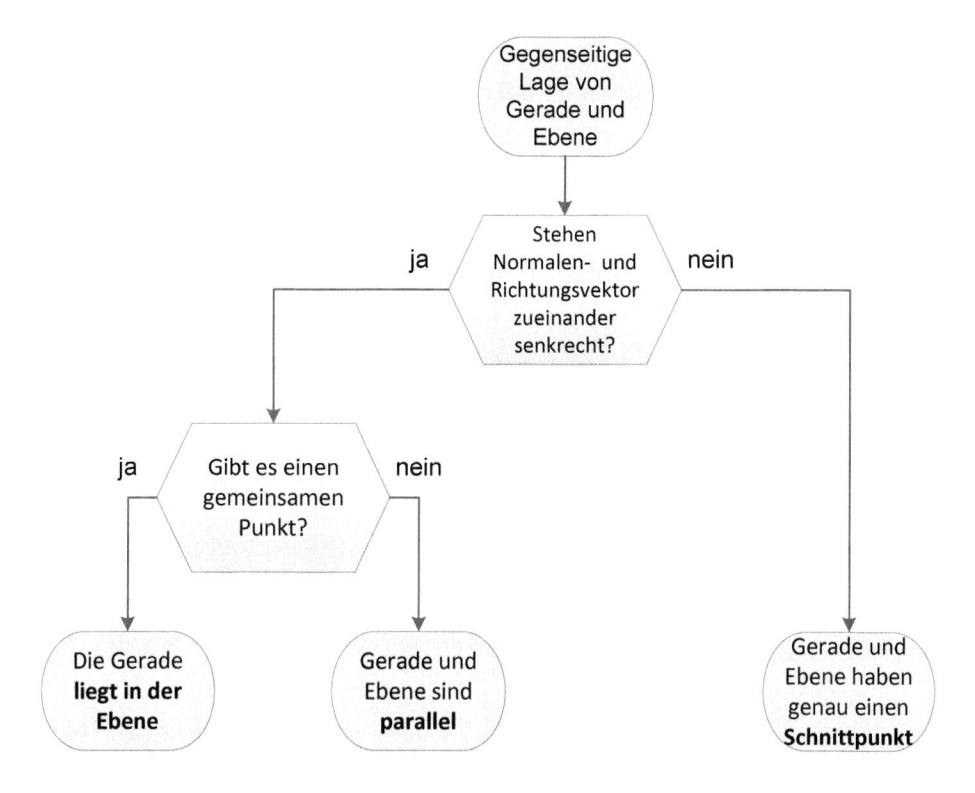

Gerade parallel zur Ebene

Die Gerade $g: \vec{x} = \vec{a} + r\vec{b}$ und die Ebene $E: (\vec{x} - \vec{p}) \cdot \vec{n} = 0$ sind parallel, wenn der Richtungsvektor der Gerade senkrecht zum Normalenvektor der Ebene steht. In diesem Fall ist das Skalarprodukt aus Richtungsvektor und Normalenvektor gleich Null:
$$\vec{b} \cdot \vec{n} = 0$$

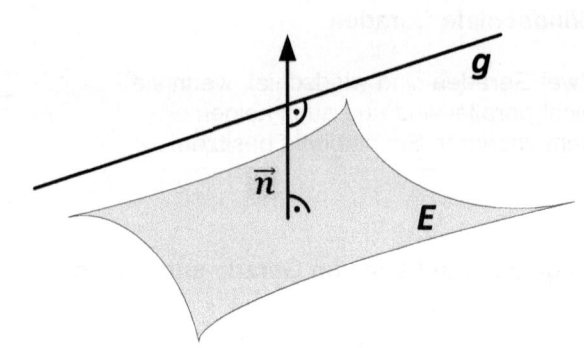

Beispiel:

Gegeben sind die Ebene $E: \left(\vec{x} - \begin{pmatrix} -1 \\ 4 \\ -3 \end{pmatrix}\right) \cdot \begin{pmatrix} 8 \\ 1 \\ -4 \end{pmatrix} = 0$ und die

Gerade $g: \vec{x} = \begin{pmatrix} 7 \\ 5 \\ -7 \end{pmatrix} + r \begin{pmatrix} 1 \\ -4 \\ 1 \end{pmatrix}$. Zeigen Sie, dass E und g parallel zueinander sind.

Das Skalarprodukt vom Richtungsvektor der Gerade und dem Normalenvektor der Ebene ergibt:
$$\begin{pmatrix} 1 \\ -4 \\ 1 \end{pmatrix} \cdot \begin{pmatrix} 8 \\ 1 \\ -4 \end{pmatrix} = 8 - 4 - 4 = 0$$

Daher sind E und g zueinander parallel.

Gerade liegt in Ebene

Die Gerade $g: \vec{x} = \vec{a} + r\vec{b}$ liegt in der Ebene $E: (\vec{x} - \vec{p}) \cdot \vec{n} = 0$, wenn die Gerade parallel zur Ebene ist und die Gerade mit der Ebene einen gemeinsamen Punkt besitzt.

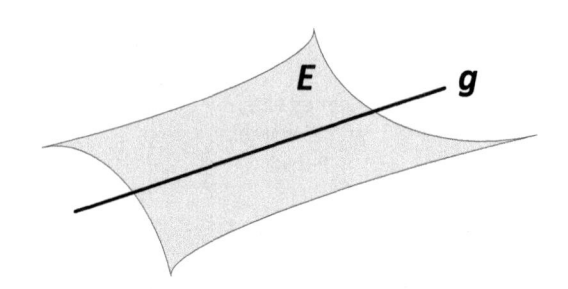

Geometrie - Gegenseitige Lage

Beispiel:
Gegeben sind die Ebene $E: x_1 + x_2 = 4$ und die Gerade $g: \vec{x} = \begin{pmatrix} 1 \\ 3 \\ 3 \end{pmatrix} + r \begin{pmatrix} 1 \\ -1 \\ 0 \end{pmatrix}$.
Untersuchen Sie die gegenseitige Lage von g und E.

Das Skalarprodukt aus dem Richtungsvektor der Gerade und dem Normalenvektor der Ebene ergibt $\begin{pmatrix} 1 \\ -1 \\ 0 \end{pmatrix} \cdot \begin{pmatrix} 1 \\ 1 \\ 0 \end{pmatrix} = 1 - 1 = 0$, daher sind g und E parallel. Setzt man den Punkt $P = (1|3|3)$ in die Gleichung der Ebene ein, so ergibt sich: $1 + 3 = 4$. Weil der Punkt P ein gemeinsamer Punkt von Gerade und Ebene ist, liegen alle Punkte der Gerade g in der Ebene E.

Schnittpunkt von Gerade und Ebene

Die Gerade g und die Ebene E haben einen Schnittpunkt, wenn es eine gültige Lösung gibt für:

$$g = E$$

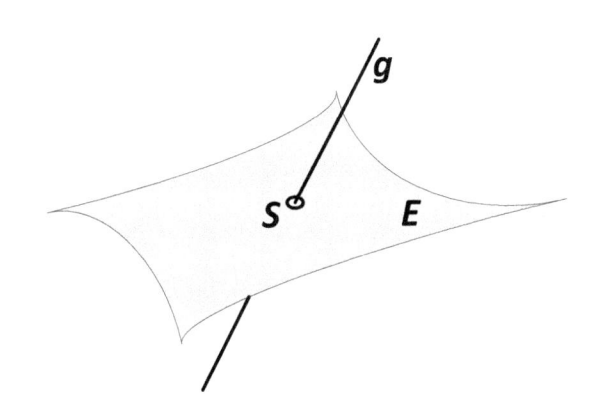

Beispiel:
Um einen möglichen Schnittpunkt der Gerade $g: \vec{x} = \begin{pmatrix} 2 \\ 3 \\ -1 \end{pmatrix} + r \begin{pmatrix} 2 \\ -3 \\ 1 \end{pmatrix}$ und der in der Parameterform angegeben Ebene $E: \vec{x} = \begin{pmatrix} 2 \\ 0 \\ 1 \end{pmatrix} + s \begin{pmatrix} 2 \\ -1 \\ 1 \end{pmatrix} + t \begin{pmatrix} 2 \\ -2 \\ -1 \end{pmatrix}$ zu berechnen, werden die Gerade und die Ebene gleichgesetzt:

$$\begin{pmatrix} 2 \\ 3 \\ -1 \end{pmatrix} + r \begin{pmatrix} 2 \\ -3 \\ 1 \end{pmatrix} = \begin{pmatrix} 2 \\ 0 \\ 1 \end{pmatrix} + s \begin{pmatrix} 2 \\ -1 \\ 1 \end{pmatrix} + t \begin{pmatrix} 2 \\ -2 \\ -1 \end{pmatrix}$$

Hierdurch ergibt sich folgendes Gleichungssystem:

I $\quad 2r - 2s - 2t = 0$
II $\quad -3r + s + 2t = -3$
III $\quad r - s + t = 2$

Dieses Gleichungssystem besitzt die Lösung: $r = 2$, $s = 1$ und $t = 1$. Durch Einsetzen von r in die Geradengleichung erhält man den Schnittpunkt $S = (6|-3|1)$. Zur Kontrolle kann die Lösung für s und t in die Ebenengleichung eingesetzt werden.

Falls die Ebene in der Normalen- oder Koordinatenform angegeben ist, erspart man sich zur Berechnung des Schnittpunkts das Lösen eines linearen Gleichungssystems.

Beispiel:
$$E: \begin{pmatrix} 3 \\ 4 \\ -2 \end{pmatrix} \cdot \vec{x} - 4 = 0 \quad \text{oder} \quad E: 3x_1 + 4x_2 - 2x_3 = 4$$

Um den Schnittpunkt mit der oben angegebenen Gerade g zu bestimmen, werden die Koordinaten der Gerade in die Ebenengleichung eingesetzt:

$$3 \cdot (2 + 2r) + 4 \cdot (3 - 3r) - 2 \cdot (-1 + r) = 4 \Longrightarrow r = 2$$

Durch Einsetzten von $r = 2$ in die Geradengleichung ergibt sich wieder der Schnittpunkt $S = (6|-3|1)$

Gerade senkrecht zur Ebene

Die Gerade $g: \vec{x} = \vec{a} + r\vec{b}$ und die Ebene $E: (\vec{x} - \vec{p}) \cdot \vec{n} = 0$ stehen zueinander senkrecht, wenn der Richtungsvektor der Gerade ein Vielfaches des Normalenvektors der Ebene ist:
$$r\vec{b} = \vec{n}$$

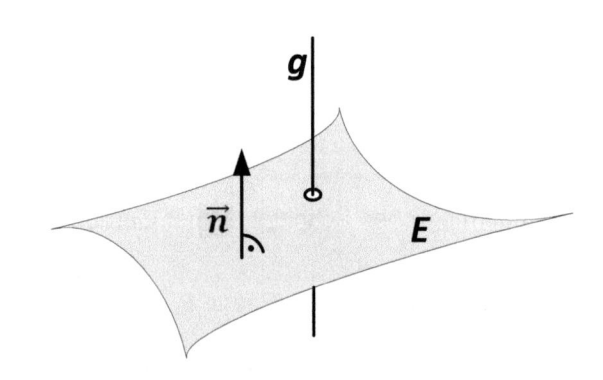

Beispiel:
Die Gerade $g: \vec{x} = \begin{pmatrix} 2 \\ 5 \\ -1 \end{pmatrix} + r \begin{pmatrix} -2 \\ 2 \\ 1 \end{pmatrix}$ steht senkrecht zu der Ebene $E: 4x_1 - 4x_2 - 2x_3 = 3$, weil der Richtungsvektor der Gerade ein Vielfaches des Normalenvektors der Ebene ist:

$$r \begin{pmatrix} -2 \\ 2 \\ 1 \end{pmatrix} = \begin{pmatrix} 4 \\ -4 \\ -2 \end{pmatrix} \Longrightarrow r = -2$$

Geometrie - Gegenseitige Lage

Gegenseitige Lage zweier Ebenen

Die gegenseitige Lage zweier Ebenen lässt sich mit dem folgenden Schema bestimmen:
- Zunächst wird anhand der Normalenvektoren geprüft, ob die Ebenen zueinander parallel liegen.
- Falls dieses zutrifft, und die Ebenen auch noch einen gemeinsamen Punkt besitzen, sind die Ebenen identisch. Für diese Überprüfung eignet sich am einfachsten einer der beiden Stützpunkte der Ebenen.
- Falls die Ebenen nicht zueinander parallel liegen, besitzen sie eine Schnittgerade.

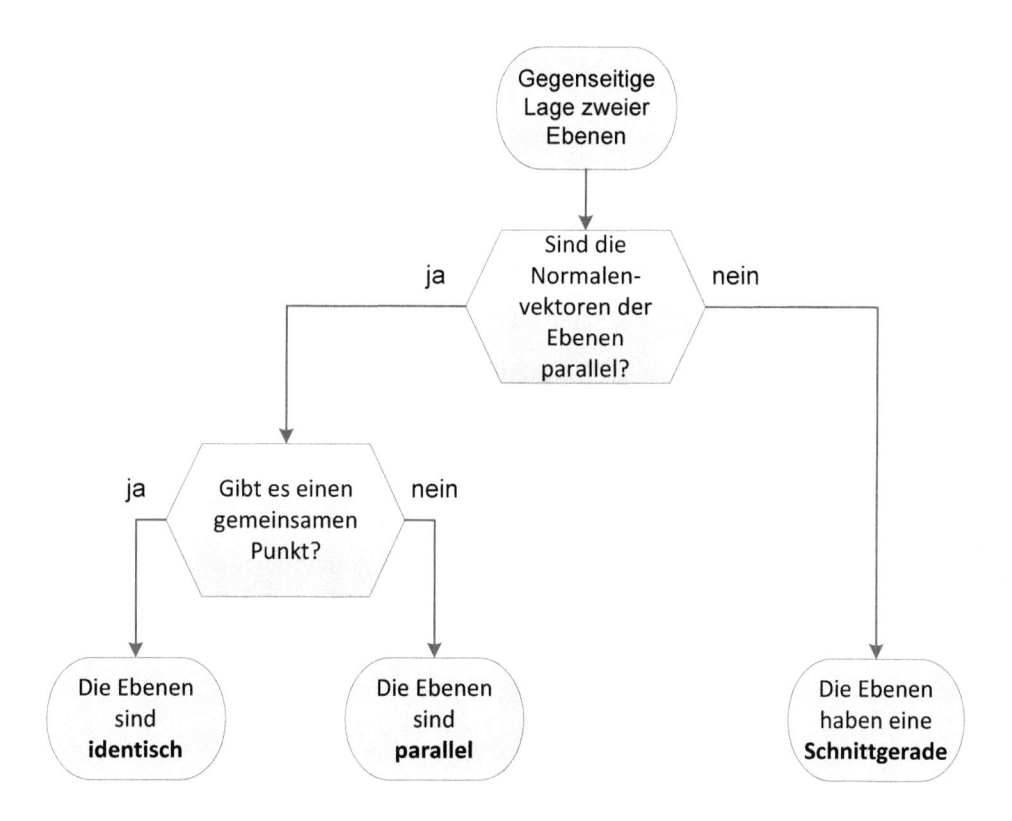

```
                    Gegenseitige
                    Lage zweier
                       Ebenen
                          │
                          ▼
                      Sind die
           ja       Normalen-       nein
       ┌─────────  vektoren der  ─────────┐
       │            Ebenen                │
       │           parallel?              │
       │                                  │
       ▼                                  │
   Gibt es einen                          │
 ja gemeinsamen  nein                     │
 ┌─  Punkt?   ─┐                          │
 │             │                          │
 ▼             ▼                          ▼
Die Ebenen  Die Ebenen              Die Ebenen
  sind        sind                  haben eine
identisch   parallel              Schnittgerade
```

Parallele Ebenen

Zwei Ebenen sind parallel, wenn der Normalenvektor der einen Ebene ein Vielfaches des Normalenvektors der anderen Ebene ist:

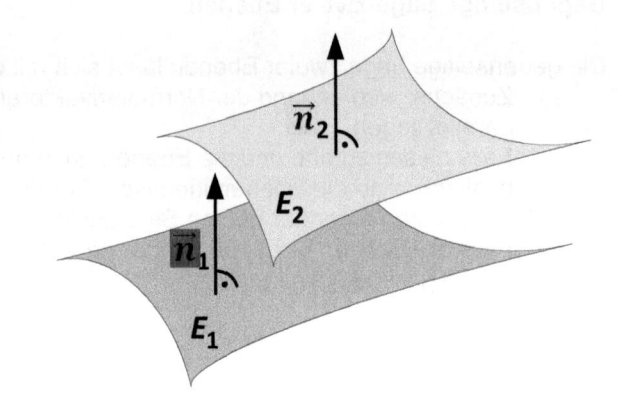

$$\vec{n_1} = s \cdot \vec{n_2}$$

Beispiel:

Zeigen Sie, dass die Ebenen E und F parallel sind:

$$E: \vec{x} = \begin{pmatrix} 1 \\ 1 \\ 0 \end{pmatrix} + r \begin{pmatrix} 1 \\ 0 \\ 2 \end{pmatrix} + s \begin{pmatrix} -1 \\ 1 \\ 0 \end{pmatrix} \quad \text{und} \quad F: \left(\vec{x} - \begin{pmatrix} 2 \\ 1 \\ -2 \end{pmatrix} \right) \cdot \begin{pmatrix} 2 \\ 2 \\ -1 \end{pmatrix} = 0$$

Der Normalenvektor der Ebene E ergibt sich aus dem Kreuzprodukt ihrer Richtungsvektoren:

$$\vec{n_E} = \begin{pmatrix} 1 \\ 0 \\ 2 \end{pmatrix} \times \begin{pmatrix} -1 \\ 1 \\ 0 \end{pmatrix} = \begin{pmatrix} 0 - 2 \\ -2 - 0 \\ 1 - 0 \end{pmatrix} = \begin{pmatrix} -2 \\ -2 \\ 1 \end{pmatrix}$$

Die Ebenen sind parallel, da der Normalenvektor der Ebene E ein Vielfaches des Normalenvektors der Ebene F ist:

$$\vec{n_E} = \begin{pmatrix} -2 \\ -2 \\ 1 \end{pmatrix} = (-1) \cdot \begin{pmatrix} 2 \\ 2 \\ -1 \end{pmatrix} = s \cdot \vec{n_F}$$

Geometrie - Gegenseitige Lage

Identische Ebenen

Zwei Ebenen sind identisch, wenn sie parallel sind und zusätzlich einen gemeinsamen Punkt besitzen.

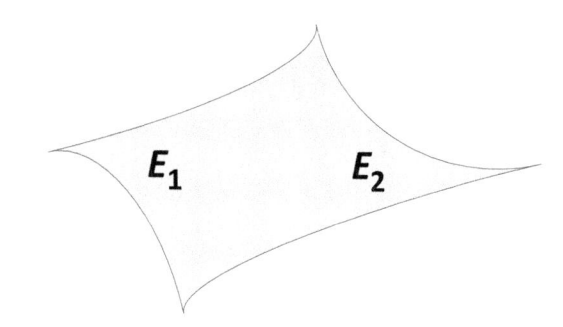

Beispiel:

Zeigen Sie, dass die Ebenen E und F identisch sind:

$$E: \vec{x} = \begin{pmatrix} 2 \\ 0 \\ 1 \end{pmatrix} + s \begin{pmatrix} 2 \\ -1 \\ 1 \end{pmatrix} + t \begin{pmatrix} 2 \\ -2 \\ -1 \end{pmatrix}$$

$$F: \begin{pmatrix} 3 \\ 4 \\ -2 \end{pmatrix} \cdot \vec{x} - 4 = 0$$

Der Normalenvektor der Ebene E ergibt sich aus dem Kreuzprodukt ihrer Richtungsvektoren:

$$\vec{n_E} = \begin{pmatrix} 2 \\ -1 \\ 1 \end{pmatrix} \times \begin{pmatrix} 2 \\ -2 \\ -1 \end{pmatrix} = \begin{pmatrix} 1+2 \\ 2+2 \\ -4+2 \end{pmatrix} = \begin{pmatrix} 3 \\ 4 \\ -2 \end{pmatrix} = \vec{n_F}$$

Die Ebenen sind parallel, da die Normalenvektoren beider Ebenen ein Vielfaches voneinander (und in diesem Fall sogar identisch) sind.

Das Einsetzten des Ortsvektors der Ebene E in die Ebene F ergibt eine gültige Aussage:

$$\begin{pmatrix} 3 \\ 4 \\ -2 \end{pmatrix} \cdot \begin{pmatrix} 2 \\ 0 \\ 1 \end{pmatrix} = 3 \cdot 2 + 4 \cdot 0 - 2 \cdot 1 = 4$$

Die Ebenen sind identisch, weil sie parallel sind und zusätzlich der Stützpunkt der Ebene E in der Ebene F liegt.

Schnittgerade zweier Ebenen

Falls zwei Ebenen eine gemeinsame Schnittgerade besitzen gilt für diese Schnittgerade:
$$E_1 = E_2$$

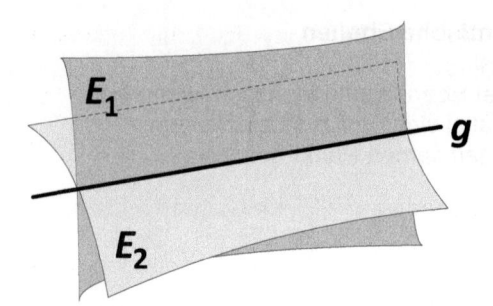

Die Schnittgerade zweier Ebenen kann durch das Gleichsetzten der gegebenen Ebenen berechnet werden. Hierdurch ergibt sich ein Gleichungssystem, welches mehr Variablen als Gleichungen besitzt und deshalb nicht eindeutig lösbar ist. Zur Lösung wird daher für eine der Variablen (z.B. x_1, x_2 oder x_3) ein Parameter (z.B. t) gewählt, wodurch sich die Gleichung der Gerade ergibt.

Beispiel:

Gegeben sind die Ebenen $E: \left(\vec{x} - \begin{pmatrix} 1 \\ 2 \\ 1 \end{pmatrix} \right) \cdot \begin{pmatrix} 4 \\ -1 \\ 2 \end{pmatrix} = 0$ und $F: x_2 + 2x_3 = 8$. Berechnen Sie eine Gleichung der Schnittgerade.

Durch Umformung der Ebene E in die Koordinatenform ergibt sich folgendes Gleichungssystem:

I	$4x_1 - x_2 + 2x_3 = 4$
II	$x_2 + 2x_3 = 8$

Dieses Gleichungssystem besitzt die drei Variablen x_1, x_2 und x_3 aber nur zwei Gleichungen und ist somit nicht eindeutig lösbar. Daher wird für die Variable x_3 ein Parameter gewählt: $x_3 = t$. Hierdurch erhält man:

I	$4x_1 - x_2 + 2t = 4$
II	$x_2 + 2t = 8$

Aus Gleichung II ergibt sich eine Lösung für x_2, die anschließend in Gleichung I eingesetzt wird. Hierdurch erhält man:

$$x_1 = 3 - t$$
$$x_2 = 8 - 2t$$
$$x_3 = t$$

Geometrie - Gegenseitige Lage

Durch Umschreiben der Gleichungen ergibt sich der Ortsvektor aller gemeinsamen Punkte:

$$\vec{x} = \begin{pmatrix} x_1 \\ x_2 \\ x_3 \end{pmatrix} = \begin{pmatrix} 3-t \\ 8-2t \\ t \end{pmatrix}$$

Die Schnittgerade beider Ebenen lautet:

$$g: \vec{x} = \begin{pmatrix} 3 \\ 8 \\ 0 \end{pmatrix} + t \begin{pmatrix} -1 \\ -2 \\ 1 \end{pmatrix}.$$

3.6 Abstand

Abstand zwischen zwei Punkten

Zur Bestimmung des Abstands *d* zweier Punkte *A* und *B* wird zunächst der Vektor $\overrightarrow{AB}$
gebildet und anschließend sein Betrag berechnet.

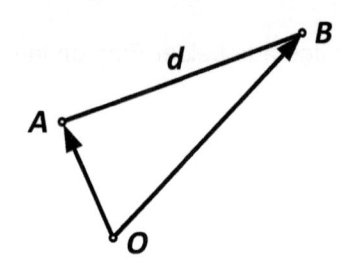

Beispiel:

Bestimmen Sie den Abstand der beiden Punkte $A = (5|-1|-3)$ und $B = (2|3|-3)$.

Zur Bestimmung des Abstands *d* zwischen diesen beiden Punkten wird der Betrag des Vektors $\overrightarrow{AB}$ berechnet.

$$\overrightarrow{AB} = \overrightarrow{OB} - \overrightarrow{OA} = \begin{pmatrix} 2-5 \\ 3-(-1) \\ -3-(-3) \end{pmatrix} = \begin{pmatrix} -3 \\ 4 \\ 0 \end{pmatrix}$$

$$d = |\overrightarrow{AB}| = \sqrt{(-3)^2 + 4^2 + (0)^2} = \sqrt{25} = 5$$

Geometrie - Abstand

Abstand zwischen Punkt und Gerade

Zur Bestimmung des Abstands d zwischen einem Punkt P und einer Gerade g bildet man eine Hilfsebene E für die gilt:
- a) Der Normalenvektor von E ist gleich dem Richtungsvektor der Gerade g.
- b) Der Punkt P liegt in der Hilfsebene E.

Anschließend wird der Schnittpunkt S von der Gerade g und der Hilfsebene E berechnet.

Der gesuchte Abstand d zwischen dem Punkt P und der Gerade g ist gleich dem Abstand zwischen dem Punkt P und dem Schnittpunkt S.

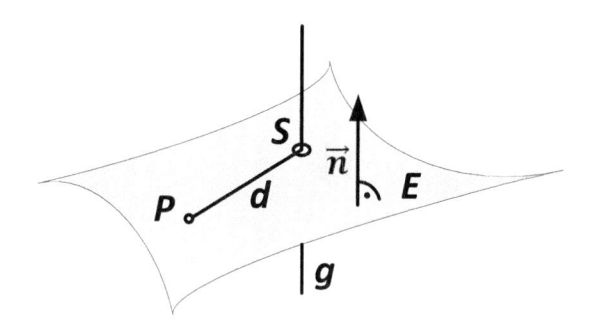

Beispiel:
Berechnen Sie den Abstand zwischen dem Punkt $P = (-8|11|10)$ und der Gerade

$$g: \vec{x} = \begin{pmatrix} 4 \\ -4 \\ 4 \end{pmatrix} + s \begin{pmatrix} -8 \\ 4 \\ 1 \end{pmatrix}.$$

Die Berechnung erfolgt mit der Hilfsebene E, die als Normalenvektor den Richtungsvektor der Gerade g besitzt und in welcher der Punkt P liegt:

$$E: \left(\vec{x} - \begin{pmatrix} -8 \\ 11 \\ 10 \end{pmatrix} \right) \cdot \begin{pmatrix} -8 \\ 4 \\ 1 \end{pmatrix} = 0$$

Durch Einsetzten der Koordinaten der Gerade g in diese Hilfsebene ergibt sich:

$$\left(\begin{pmatrix} 4 \\ -4 \\ 4 \end{pmatrix} + s \begin{pmatrix} -8 \\ 4 \\ 1 \end{pmatrix} - \begin{pmatrix} -8 \\ 11 \\ 10 \end{pmatrix} \right) \cdot \begin{pmatrix} -8 \\ 4 \\ 1 \end{pmatrix} = \begin{pmatrix} 12 - 8s \\ -15 + 4s \\ -6 + s \end{pmatrix} \cdot \begin{pmatrix} -8 \\ 4 \\ 1 \end{pmatrix} = -162 + 81s = 0 \Rightarrow s = 2$$

Setzt man die Lösung $s = 2$ in die Geradengleichung ein, ergibt sich der Schnittpunkt von der Gerade g und der Hilfsebene E:

$$S = (-12|4|6)$$

Der Abstand d zwischen den Punkten P und S und somit der Abstand d zwischen dem Punkt P und der Gerade g beträgt:

$$d = |\overrightarrow{PS}| = \sqrt{(-12+8)^2 + (4-11)^2 + (6-10)^2} = \sqrt{81} = 9$$

Geometrie - Abstand

Abstand zwischen Punkt und Ebene

Zur Bestimmung des Abstands d zwischen einem Punkt P und einer Ebene E bildet man eine Hilfsgerade g für die gilt:
  a) Der Richtungsvektor der Gerade g ist gleich dem Normalenvektor von E.
  b) Der Punkt P liegt auf der Hilfsgerade g.

Anschließend wird der Schnittpunkt S von der Gerade g und der Hilfsebene E berechnet.

Der gesuchte Abstand d zwischen dem Punkt P und der Ebene E ist gleich dem Abstand zwischen dem Punkt P und dem Schnittpunkt S.

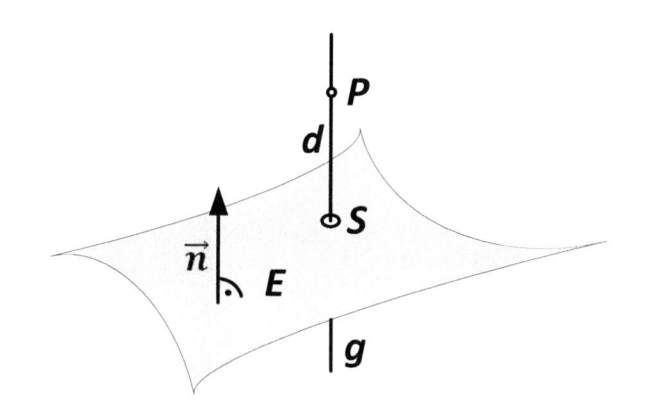

Häufig ist es einfacher, den Abstand d zwischen dem Punkt $P = (p_1|p_2|p_3)$ und der Ebene $E: n_1x_1 + n_2x_2 + n_3x_3 = c$ mit Hilfe der Hesseschen Normalenform zu berechen:

$$d = \vec{p} \cdot \vec{n_0} - c = \frac{|n_1p_1 + n_2p_2 + n_3p_3 - c|}{\sqrt{n_1^2 + n_2^2 + n_3^2}}$$

Beispiel:

Gegeben sind die Ebene $E: 3x_1 - 4x_3 = -7$ und der Punkt $P = (9|-4|1)$. Berechnen Sie den Abstand des Punktes P von der Ebene E.

Da die Ebene bereits in der Koordinatenform gegeben ist, ergibt sich der gesuchte Abstand d aus:

$$d = \frac{|n_1p_1 + n_2p_2 + n_3p_3 - c|}{\sqrt{n_1^2 + n_2^2 + n_3^2}} = \frac{|3 \cdot 9 + 0 - 4 \cdot 1 + 7|}{\sqrt{3^2 + 0^2 + (-4)^2}} = \frac{30}{5} = 6$$

Abstand zwischen zwei parallelen Geraden

Zur Bestimmung des Abstands d zwischen zwei parallelen Geraden g und h, wählt man einen Punkt P, der auf der Gerade h liegt, und bestimmt seinen Abstand von der Gerade g.

Diese Berechnung ist bereits oben beschrieben (Bestimmung des Abstands zwischen Punkt und Gerade mit einer Hilfsebene).

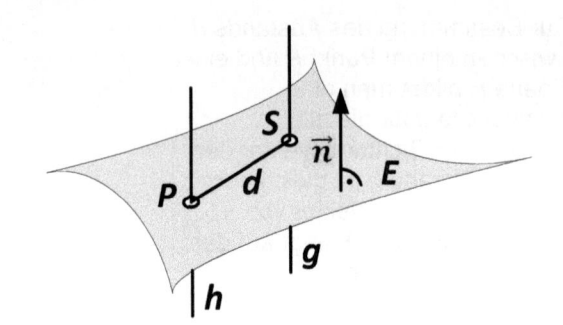

Beispiel:

Gegeben sind die zwei parallelen Geraden g und h. Bestimmen Sie den Abstand der beiden Geraden:

$$g: \vec{x} = \begin{pmatrix} 2 \\ 9 \\ 4 \end{pmatrix} + s \begin{pmatrix} 3 \\ -4 \\ 1 \end{pmatrix} \quad \text{und} \quad h: \vec{x} = \begin{pmatrix} 1 \\ 2 \\ 5 \end{pmatrix} + t \begin{pmatrix} 6 \\ -8 \\ 2 \end{pmatrix}$$

Die Hilfsebene, in der der Punkt $P = (1|2|5)$ liegt und die orthogonal zu den beiden Geraden g und h liegt lautet:

$$E: \left(\vec{x} - \begin{pmatrix} 1 \\ 2 \\ 5 \end{pmatrix} \right) \cdot \begin{pmatrix} 3 \\ -4 \\ 1 \end{pmatrix} = 0$$

Durch Einsetzten der Koordinaten der Gerade g in diese Hilfsebene ergibt sich:

$$\left(\begin{pmatrix} 2 \\ 9 \\ 4 \end{pmatrix} + s \begin{pmatrix} 3 \\ -4 \\ 1 \end{pmatrix} - \begin{pmatrix} 1 \\ 2 \\ 5 \end{pmatrix} \right) \cdot \begin{pmatrix} 3 \\ -4 \\ 1 \end{pmatrix} = 0 \Rightarrow s = 1$$

Setzt man die Lösung $s = 1$ in die Geradengleichung von g ein, ergibt sich ihr Schnittpunkt mit der Hilfsebene E:

$$S = (5|5|5)$$

Der Abstand d zwischen den Punkten P und S und somit der Abstand zwischen den Geraden g und h beträgt:

$$d = |\overrightarrow{PS}| = \sqrt{(5-1)^2 + (5-2)^2 + (5-5)^2} = \sqrt{25} = 5$$

Geometrie - Abstand

Abstand zwischen zwei windschiefen Geraden

Zur Bestimmung des kürzesten Abstands d zweier windschiefer Geraden g und h

$$g: \vec{x} = \vec{a} + r\vec{b}$$
$$h: \vec{x} = \vec{c} + s\vec{d}$$

wird zunächst ein Vektor $\vec{n}$ bestimmt, der zu beiden Geraden senkrecht verläuft (Kreuzprodukt):

$$\vec{n} = \vec{b} \times \vec{d}$$

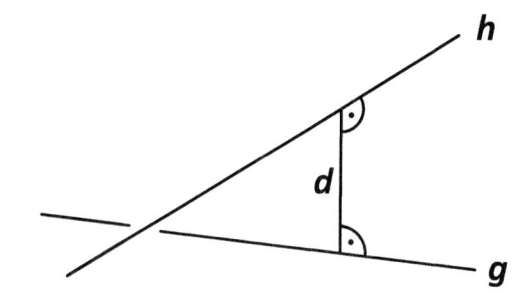

Von diesem Vektor $\vec{n}$ wird anschließend der Einheitsvektor $\vec{n_0}$ berechnet:

$$\vec{n_0} = \frac{\vec{n}}{\sqrt{n_1^2 + n_2^2 + n_3^2}} = \frac{1}{\sqrt{n_1^2 + n_2^2 + n_3^2}} \begin{pmatrix} n_1 \\ n_2 \\ n_3 \end{pmatrix}$$

Der Abstand d der beiden Geraden ergibt sich aus diesem Einheitsvektor $\vec{n_0}$ und der Differenz der beiden Ortsvektoren (Skalarprodukt):

$$d = \vec{n_0}(\vec{c} - \vec{a})$$

Beispiel:

Gegeben sind die zwei windschiefe Geraden g und h. Bestimmen Sie den kürzesten Abstand d der beiden Geraden:

$$g: \vec{x} = \begin{pmatrix} 1 \\ 1 \\ 3 \end{pmatrix} + s \begin{pmatrix} 1 \\ 2 \\ 1 \end{pmatrix} \quad \text{und} \quad h: \vec{x} = \begin{pmatrix} 4 \\ 1 \\ 4 \end{pmatrix} + t \begin{pmatrix} 1 \\ -2 \\ 1 \end{pmatrix}$$

Das Kreuzprodukt aus den beiden Richtungsvektoren der Geraden ergibt:

$$\vec{n} = \begin{pmatrix} 1 \\ 2 \\ 1 \end{pmatrix} \times \begin{pmatrix} 1 \\ -2 \\ 1 \end{pmatrix} = \begin{pmatrix} 2+2 \\ 1-1 \\ -2-2 \end{pmatrix} = \begin{pmatrix} 4 \\ 0 \\ -4 \end{pmatrix}$$

Der Einheitsvektor dieses Vektors lautet:

$$\vec{n_0} = \frac{1}{\sqrt{32}} \begin{pmatrix} 4 \\ 0 \\ -4 \end{pmatrix} = \frac{1}{\sqrt{2}} \begin{pmatrix} 1 \\ 0 \\ -1 \end{pmatrix}$$

Der Abstand *d* der beiden Geraden ergibt sich aus dem Einheitsvektor $\vec{n_0}$ und der Differenz der beiden Ortsvektoren:

$$d = \frac{1}{\sqrt{2}} \begin{pmatrix} 1 \\ 0 \\ -1 \end{pmatrix} \cdot \begin{pmatrix} 4-1 \\ 1-1 \\ 4-3 \end{pmatrix} = \frac{3+0-1}{\sqrt{2}} = \sqrt{2}$$

Geometrie - Abstand

Abstand zwischen Gerade und paralleler Ebene

Zur Bestimmung des Abstands d zwischen einer Gerade g und einer parallelen Ebene E wählt man einen Punkt P, der auf der Gerade liegt.

Der gesuchte Abstand d ist gleich dem Abstand zwischen dem Punkt P und der Ebene E. Diese Berechnung ist bereits oben beschrieben (Bestimmung des Abstands zwischen Punkt und Ebene entweder mit einer Hilfsgerade oder der Hesseschen Normalenform).

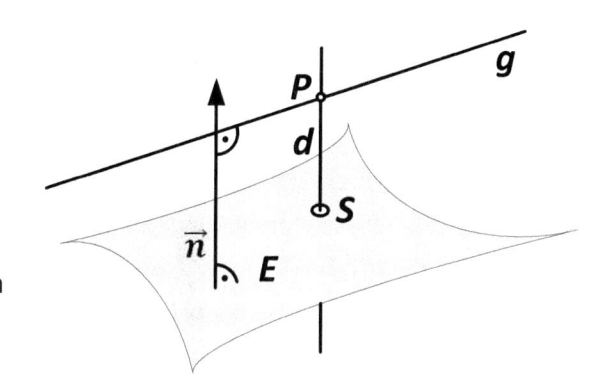

Beispiel:

Gegeben sind die Ebene $E: -2x_1 + x_2 - 2x_3 = -15$ und die zu dieser Ebene parallele Gerade $g: \vec{x} = \begin{pmatrix} 2 \\ -16 \\ 2 \end{pmatrix} + t \begin{pmatrix} 1 \\ 4 \\ 1 \end{pmatrix}$.

Bestimmen Sie den Abstand der Gerade g von der Ebene E.

Als Punkt P dient der Ortsvektor $P = (2|-16|2)$ der Gerade g. Da die Ebene bereits in der Koordinatenform gegeben ist, ergibt sich der gesuchte Abstand d aus:

$$d = \frac{|n_1 p_1 + n_2 p_2 + n_3 p_3 - c|}{\sqrt{n_1^2 + n_2^2 + n_3^2}} = \frac{|-2 \cdot 2 - 1 \cdot 16 - 2 \cdot 2 + 15|}{\sqrt{(-2)^2 + 1^2 + (-2)^2}} = \frac{|-9|}{\sqrt{9}} = 3$$

Abstand zwischen zwei parallelen Ebenen

Zur Bestimmung des Abstands d zwischen zwei parallelen Ebenen E_1 und E_2 wählt man einen Punkt P, der auf der Ebene E_1 liegt.

Der gesuchte Abstand d ist gleich dem Abstand zwischen dem Punkt P und der Ebene E_2. Diese Berechnung ist bereits oben beschrieben (Bestimmung des Abstands zwischen Punkt und Ebene entweder mit einer Hilfsgerade oder der Hesseschen Normalenform).

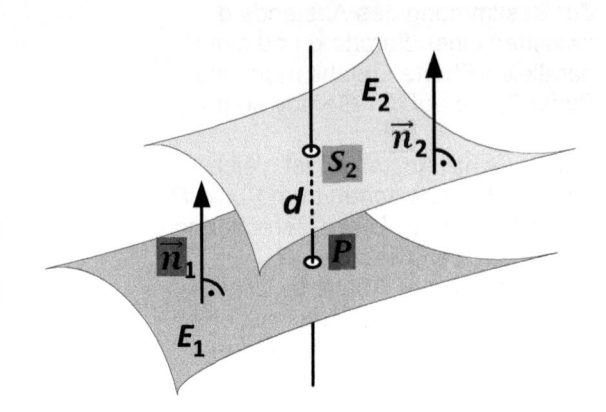

Beispiel:

Gegeben sind die beiden parallelen Ebenen E und F. Bestimmen Sie den Abstand der Ebenen:

$$E: \vec{x} = \begin{pmatrix} 1 \\ 1 \\ 0 \end{pmatrix} + r \begin{pmatrix} 1 \\ 0 \\ 2 \end{pmatrix} + s \begin{pmatrix} -1 \\ 1 \\ 0 \end{pmatrix}$$

$$F: \left(\vec{x} - \begin{pmatrix} 2 \\ 1 \\ -2 \end{pmatrix} \right) \cdot \begin{pmatrix} 2 \\ 2 \\ -1 \end{pmatrix} = 0$$

Als Punkt P dient der Ortsvektor $P = (1|1|0)$ der Ebene E. Die Ebene F lautet in der Koordinatenform:

$$F: 2x_1 + 2x_2 - x_3 = 8$$

Hieraus ergibt sich der gesuchte Abstand d:

$$d = \frac{|n_1 p_1 + n_2 p_2 + n_3 p_3 - c|}{\sqrt{n_1^2 + n_2^2 + n_3^2}} = \frac{|2 \cdot 1 + 2 \cdot 1 - 1 \cdot 0 - 8|}{\sqrt{2^2 + 2^2 + (-1)^2}} = \frac{|-4|}{\sqrt{9}} = \frac{4}{3}$$

3.7 Winkel

Winkel zwischen zwei Geraden

Der Winkel α zwischen zwei Geraden
$$g: \vec{x} = \vec{a} + r\vec{b} \quad \text{und} \quad h: \vec{x} = \vec{c} + s\vec{d}$$

lässt sich mit ihren Richtungsvektoren berechnen:

$$\cos(\alpha) = \frac{|\vec{b} \cdot \vec{d}|}{|\vec{b}| \cdot |\vec{d}|}$$

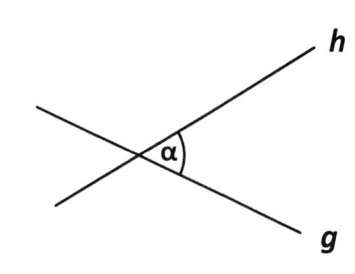

Winkel zwischen Gerade und Ebene

Der Winkel α zwischen der Gerade $g: \vec{x} = \vec{a} + r\vec{b}$ und der Ebene $E: (\vec{x} - \vec{p}) \cdot \vec{n} = 0$ lässt sich mit dem Richtungsvektor der Gerade und dem Normalenvektor der Ebene berechnen:

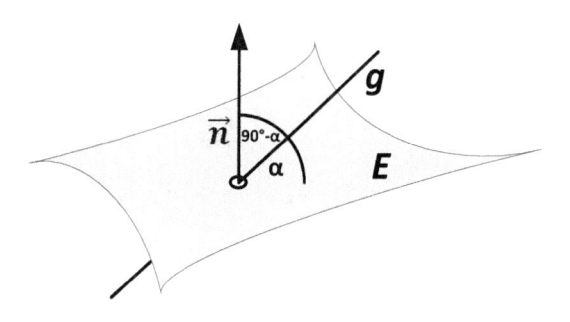

$$\cos(90° - \alpha) = \sin(\alpha) = \frac{|\vec{n} \cdot \vec{b}|}{|\vec{n}| \cdot |\vec{b}|}$$

Winkel zwischen zwei Ebenen

Der Winkel zwischen zwei Ebenen
$E_1: (\vec{x} - \vec{p_1}) \cdot \vec{n_1} = 0$ und $E_2: (\vec{x} - \vec{p_2}) \cdot \vec{n_2} = 0$

lässt sich mit ihren Normalenvektoren berechnen:

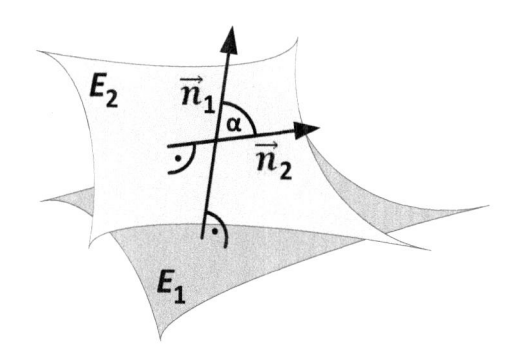

$$\cos(\alpha) = \frac{|\vec{n_1} \cdot \vec{n_2}|}{|\vec{n_1}| \cdot |\vec{n_2}|}$$

Beispiel:

Die Grundfläche eines Gebäudes liegt in der $x_1 x_2$-Ebene. Es besitzt eine Dachfläche in der Ebene $E_{Dach}: 2x_1 + x_2 + 2x_3 = 16$. Welchen Neigungswinkel besitzt die Dachfläche?

Der Neigungswinkel lässt sich mit den beiden Normalenvektoren berechnen:

$$\cos(\alpha) = \frac{|\vec{n_1} \cdot \vec{n_2}|}{|\vec{n_1}| \cdot |\vec{n_2}|} = \frac{\left|\begin{pmatrix}2\\1\\2\end{pmatrix} \cdot \begin{pmatrix}0\\0\\1\end{pmatrix}\right|}{\left|\begin{pmatrix}2\\1\\2\end{pmatrix}\right| \cdot \left|\begin{pmatrix}0\\0\\1\end{pmatrix}\right|} = \frac{|2|}{|\sqrt{9}| \cdot |\sqrt{1}|} = \frac{2}{3}$$

$$\Rightarrow \alpha = 48{,}2°$$

Geometrie - Spiegelung

3.8 Spiegelung

Spiegelung von Punkt an Punkt

Der Punkt P soll an einem gegebenen Punkt S gespiegelt werden.

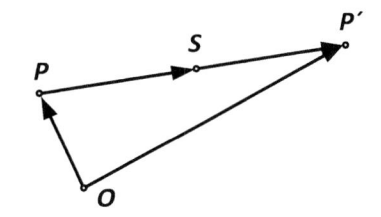

Der gesuchte Spiegelpunkt P´ ergibt sich aus:
$$\overrightarrow{OP'} = \overrightarrow{OP} + 2 \cdot \overrightarrow{PS}$$

Spiegelung von Gerade an Punkt

Die Gerade $g: \vec{x} = \vec{a} + r\vec{b}$ soll an einem gegebenen Punkt S gespiegelt werden.

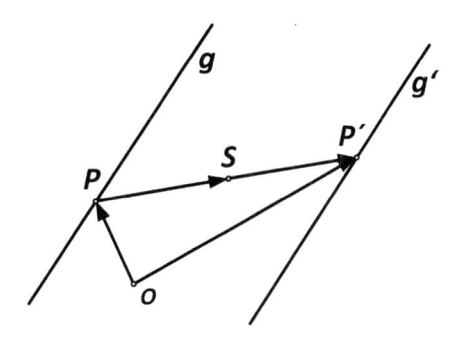

Diese Spiegelung ergibt eine Gerade g´, die parallel zu der Gerade g verläuft.

Zur Bestimmung eines Ortsvektors der Gerade g´, wird ein beliebiger Punkt P, der auf der Gerade g liegt, am Punkt S gespiegelt:
$$\overrightarrow{OP'} = \overrightarrow{OP} + 2 \cdot \overrightarrow{PS}$$

Hieraus ergibt sich die gesuchte Gerade g´:
$$g': \vec{x} = \overrightarrow{OP'} + r\vec{b}$$

Geometrie - Spiegelung

Beispiel:

Gegeben sind der Punkt $S = (4{,}5|6|3{,}5)$ sowie die Gerade $g: \vec{x} = \begin{pmatrix} 5 \\ 0 \\ 3 \end{pmatrix} + s \begin{pmatrix} 1 \\ -2 \\ 1 \end{pmatrix}$.

Die Gerade h entsteht durch Spiegelung von g an S. Bestimmen Sie eine Gleichung der Gerade h.

Zunächst wird der Punkt P (Ortsvektor der Gerade g) an dem Punkt S gespiegelt:

$$\overrightarrow{OP'} = \overrightarrow{OP} + 2 \cdot \overrightarrow{PS}$$

$$\overrightarrow{OP'} = \begin{pmatrix} 5 \\ 0 \\ 3 \end{pmatrix} + 2 \cdot \begin{pmatrix} -0{,}5 \\ 6 \\ 0{,}5 \end{pmatrix} = \begin{pmatrix} 4 \\ 12 \\ 4 \end{pmatrix}$$

Die Geraden g und h sind parallel. Die Gleichung der Gerade h lautet daher:

$$h: \vec{x} = \begin{pmatrix} 4 \\ 12 \\ 4 \end{pmatrix} + s \begin{pmatrix} 1 \\ -2 \\ 1 \end{pmatrix}.$$

Geometrie - Spiegelung

Spiegelung von Punkt an Gerade

Zur Spiegelung eines Punktes P an einer Gerade g bildet man eine Hilfsebene E (ähnlich wie beim Abstand zwischen Punkt und Gerade):
   a) Der Normalenvektor von E ist gleich dem Richtungsvektor der Gerade g.
   b) Der Punkt P liegt in der Hilfsebene E.

Anschließend wird der Schnittpunkt S von der Gerade g und der Hilfsebene E berechnet. Dieser Schnittpunkt wird Lotfußpunkt genannt.

Der gesuchte Spiegelpunkt P´ ergibt sich aus:
$$\overrightarrow{OP'} = \overrightarrow{OP} + 2 \cdot \overrightarrow{PS}$$

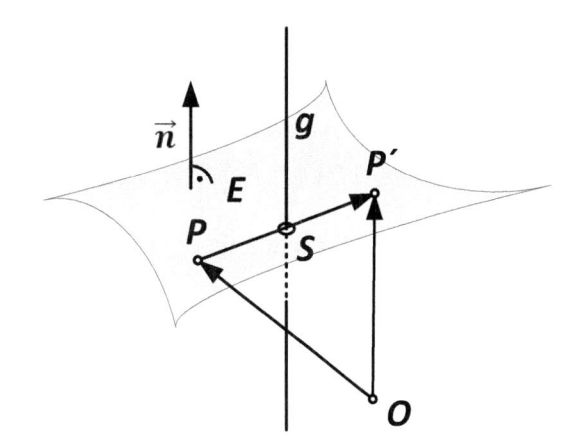

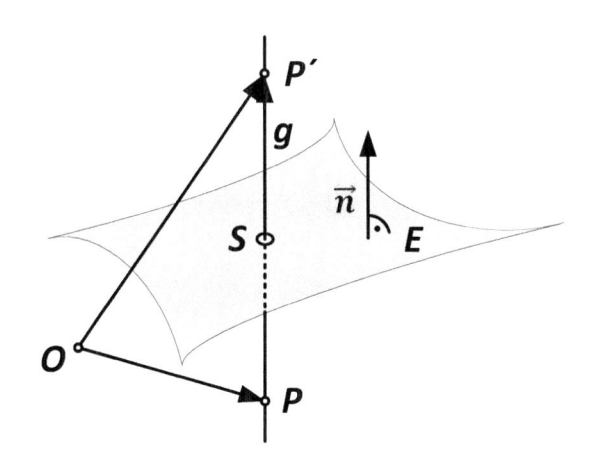

Spiegelung von Punkt an Ebene

Zur Spiegelung eines Punktes P an einer Ebene E bildet man eine Hilfsgerade g (ähnlich wie beim Abstand zwischen Punkt und Ebene):
   a) Der Richtungsvektor der Gerade g ist gleich dem Normalenvektor von E.
   b) Der Punkt P liegt auf der Hilfsgerade g.

Anschließend wird der Schnittpunkt S von der Ebene E und der Hilfsgerade g berechnet. Dieser Schnittpunkt wird auch Lotfußpunkt genannt.

Der gesuchte Spiegelpunkt P´ ergibt sich aus:
$$\overrightarrow{OP'} = \overrightarrow{OP} + 2 \cdot \overrightarrow{PS}$$

Beispiel:

Gegeben ist der Punkt $P = (1|1|3)$ sowie die Ebene $E: x_1 - x_3 = 4$. Bestimmen Sie die Koordinaten des Bildpunktes.

Mit dem Punkt P und dem Normalenvektor der Ebene E wird zunächst die Hilfsgerade g gebildet: $g: \vec{x} = \begin{pmatrix} 1 \\ 1 \\ 3 \end{pmatrix} + s \begin{pmatrix} 1 \\ 0 \\ -1 \end{pmatrix}$. Durch Gleichsetzen von der Ebene E und der Hilfsgerade g ergibt sich der Schnittpunkt S:

$$(1 + s) - (3 - s) = 4 \Rightarrow s = 3$$

$$\Rightarrow S = (4|1|0)$$

Hierdurch ergibt sich der gesuchte Spiegelpunkt P':

$$\overrightarrow{OP'} = \overrightarrow{OP} + 2 \cdot \overrightarrow{PS}$$

$$\overrightarrow{OP'} = \begin{pmatrix} 1 \\ 1 \\ 3 \end{pmatrix} + 2 \cdot \begin{pmatrix} 3 \\ 0 \\ -3 \end{pmatrix} = \begin{pmatrix} 7 \\ 1 \\ -3 \end{pmatrix}$$

4 Stochastik

4.1 Baumdiagramme

Zufallsexperimente und Wahrscheinlichkeiten

Ein Zufallsexperiment besitzt folgende Eigenschaften:
1. Es ist unter gleichen Bedingungen beliebig oft wiederholbar
2. Es besitzt mehrere sich gegenseitig ausschließende Ergebnisse
3. Die Ergebnisse im Experiment sind rein zufällig.

Die Ergebnismenge Ω beinhaltet alle möglichen, sich gegenseitig ausschließenden Ergebnisse eines Zufallsexperimentes. Eine besondere Teilmenge dieser Ergebnismenge wird als Ereignis E bezeichnet.

Die Wahrscheinlichkeit für das Eintreten eines Ereignisses E ist:

$$P(E) = \frac{\text{Anzahl der für das Ereignis günstigen Fälle}}{\text{Anzahl aller möglichen Fälle}} = \frac{|E|}{|\Omega|}$$

Das Nicht-Eintreten eines Ereignisses wird Gegenereignis $\bar{E}$ genannt. Die Wahrscheinlichkeit für das Eintreten des Gegenereignisses $\bar{E}$ ist:

$$P(\bar{E}) = \frac{\text{Anzahl der für das Ereignis ungünstigen Fälle}}{\text{Anzahl aller möglichen Fälle}} = \frac{|\bar{E}|}{|\Omega|}$$

Wahrscheinlichkeiten liegen immer zwischen Null und Eins:

$$0 \leq P(E) \leq 1 \quad \text{bzw.} \quad 0\% \leq P(E) \leq 100\%$$

Die Summe der Wahrscheinlichkeiten für das Eintreten eines Ereignisses und das Nicht-Eintreten eines Ereignisses ergibt Eins:

$$P(E) + P(\bar{E}) = 1$$

Beispiel:

Die Ergebnismenge beim Würfeln lautet $\Omega = \{1, 2, 3, 4, 5, 6\}$. Als Ereignis wird z.B. das Würfeln einer geraden Augenzahl definiert. Hierdurch ergibt sich die Ergebnismenge $E = \{2, 4, 6\}$.

Die Wahrscheinlichkeit für das Würfeln einer geraden Augenzahl beträgt:

$$P(E) = \frac{|E|}{|\Omega|} = \frac{3}{6} = \frac{1}{2}$$

Die Wahrscheinlichkeit für das Würfeln einer nicht-geraden Augenzahl beträgt:

$$P(\bar{E}) = \frac{|\bar{E}|}{|\Omega|} = \frac{3}{6} = \frac{1}{2}$$

Stochastik - Baumdiagramme

Baumdiagramme

Zur Berechnung von Wahrscheinlichkeiten bei Zufallsexperimenten, die mehrfach durchgeführt werden, eignen sich Baumdiagramme. Ausgehend von dem Ereignis der letzten Wiederholung werden für die aktuelle Wiederholung des Experiments die verschiedenen Ereignisse mit ihren Wahrscheinlichkeiten als Äste eines Baumes dargestellt.

Beispiel: Ziehen mit Zurücklegen

Ein Gefäß enthält 4 blaue, 3 rote und 2 gelbe Kugeln. Eine Kugel wird gezogen und anschließend wieder in das Gefäß zurückgelegt. Dieser Versuch wird zweimal durchgeführt.

Die Wahrscheinlichkeiten für das Ereignis, dass eine Kugel mit einer bestimmten Farbe gezogen wird, lauten in jedem Versuch:

$$P(blau) = \frac{4}{9}$$

$$P(rot) = \frac{3}{9}$$

$$P(gelb) = \frac{2}{9}$$

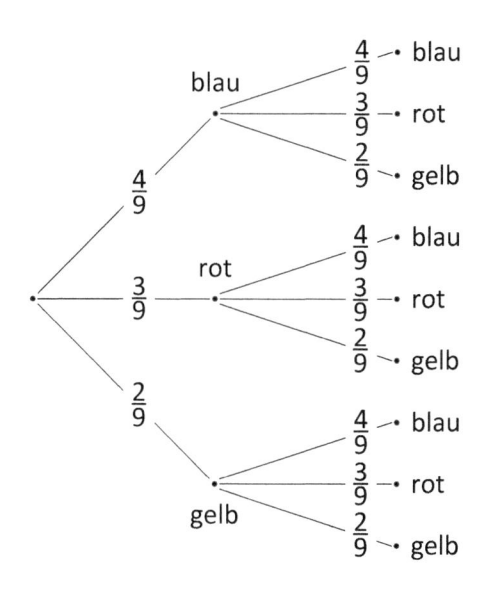

Beispiel: Ziehen ohne Zurücklegen

Wird der gleiche Versuch durchgeführt, ohne dass die Kugeln wieder in das Gefäß zurückgelegt werden, ändern sich bei der Wiederholung die Wahrscheinlichkeiten.

Beim zweiten Ziehen befinden sich nur noch 8 Kugeln im Gefäß. Die Wahrscheinlichkeiten hängen davon ab, welche Farbe vorher gezogen wurde.

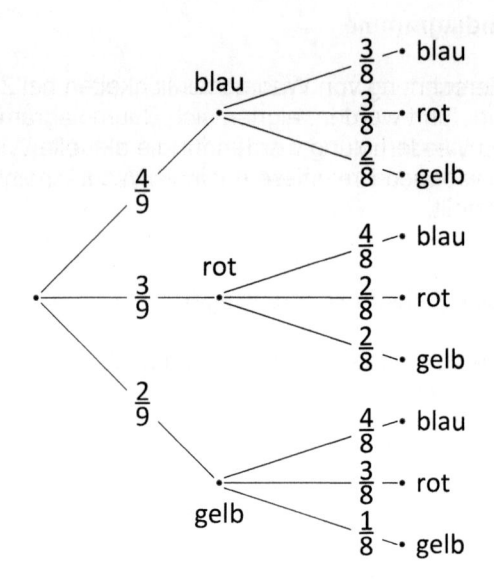

```
                    blau  — 3/8 • blau
              4/9 •       — 3/8 • rot
                          — 2/8 • gelb

                    rot   — 4/8 • blau
          • — 3/9 •       — 2/8 • rot
                          — 2/8 • gelb

              2/9         — 4/8 • blau
                    •     — 3/8 • rot
                    gelb  — 1/8 • gelb
```

Stochastik - Baumdiagramme

Pfadregeln

Für Baumdiagramme gelten die folgenden Pfadregeln:

Produktregel: Die Wahrscheinlichkeit eines Pfades wird berechnet, indem die einzelnen Wahrscheinlichkeiten entlang des Pfades miteinander multipliziert werden.

Summenregel: Wenn für ein bestimmtes Ereignis mehrere Pfade berücksichtigt werden müssen, werden die Wahrscheinlichkeiten der einzelnen Pfade addiert.

Beispiel (wie oben, Gefäß mit 4 blauen, 3 roten und 2 gelben Kugeln):

Ereignis	Ziehen mit Zurücklegen	Ziehen ohne Zurücklegen
Zwei blaue Kugeln	$P(blau, blau) = \dfrac{4}{9} \cdot \dfrac{4}{9} = \dfrac{16}{81}$	$P(blau, blau) = \dfrac{4}{9} \cdot \dfrac{3}{8} = \dfrac{1}{6}$
Eine rote und eine gelbe Kugel	$P(rot, gelb) = \dfrac{3}{9} \cdot \dfrac{2}{9} = \dfrac{6}{81}$ $P(gelb, rot) = \dfrac{2}{9} \cdot \dfrac{3}{9} = \dfrac{6}{81}$ $P(rot\ und\ gelb) = \dfrac{6}{81} + \dfrac{6}{81} = \dfrac{4}{27}$	$P(rot, gelb) = \dfrac{3}{9} \cdot \dfrac{2}{8} = \dfrac{1}{12}$ $P(gelb, rot) = \dfrac{2}{9} \cdot \dfrac{3}{8} = \dfrac{1}{12}$ $P(rot\ und\ gelb) = \dfrac{1}{12} + \dfrac{1}{12} = \dfrac{1}{6}$

Beispiel:

Neun Spielkarten (vier Asse, drei Könige und zwei Damen) liegen verdeckt auf dem Tisch.

Peter dreht zwei zufällig gewählte Karten um und lässt sie aufgedeckt liegen. Berechnen Sie die Wahrscheinlichkeiten der folgenden Ereignisse:
    A: Es liegt kein Ass aufgedeckt auf dem Tisch
    B: Eine Dame und ein Ass liegen aufgedeckt auf dem Tisch

Die neun Spielkarten werden gemischt und erneut verdeckt ausgelegt. Laura dreht nun so lange Karten um und lässt sie aufgedeckt liegen, bis ein Ass erscheint. Die Zufallsvariable X gibt die Anzahl der aufgedeckten Spielkarten an. Welche Werte kann X annehmen? Berechnen Sie $P(X \leq 2)$.

Zunächst wird ein Baumdiagramm für das Zufallsexperiment „Zweimaliges Ziehen ohne Zurücklegen" erstellt:

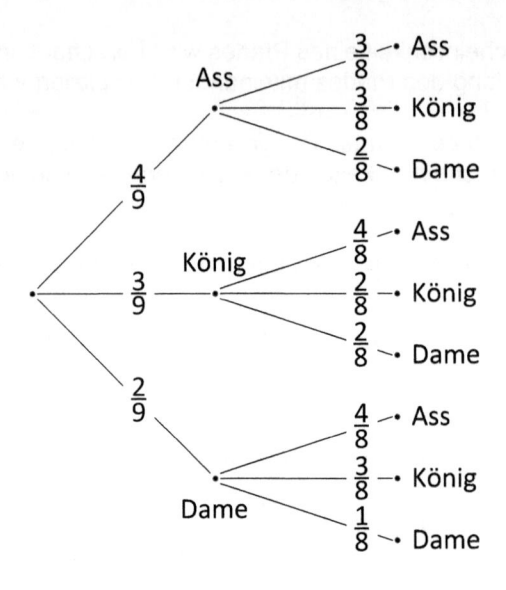

```
                    3/8 • Ass
            Ass
           •<       3/8 • König
          /         2/8 • Dame
      4/9
        /           4/8 • Ass
       /    König
      •----3/9-•<   2/8 • König
       \            2/8 • Dame
      2/9
        \           4/8 • Ass
         \  
          •<        3/8 • König
           Dame     1/8 • Dame
```

Die Wahrscheinlichkeit, dass kein Ass aufgedeckt auf dem Tisch liegt, beträgt:

$$P(A) = \frac{3}{9} \cdot \frac{2}{8} + \frac{3}{9} \cdot \frac{2}{8} + \frac{2}{9} \cdot \frac{3}{8} + \frac{2}{9} \cdot \frac{1}{8}$$

$$= \frac{6}{72} + \frac{6}{72} + \frac{6}{72} + \frac{2}{72} = \frac{20}{72} = \frac{5}{18}$$

Die Wahrscheinlichkeit, eine Dame und ein Ass aufgedeckt auf dem Tisch liegen, beträgt:

$$P(B) = \frac{4}{9} \cdot \frac{2}{8} + \frac{2}{9} \cdot \frac{4}{8}$$

$$= \frac{8}{72} + \frac{8}{72} = \frac{16}{72} = \frac{2}{9}$$

Stochastik - Baumdiagramme

Neben den Assen liegen fünf Karten (drei Könige und zwei Damen) verdeckt auf dem Tisch. Spätestens beim Umdrehen der sechsten Karte, wird also ein Ass aufgedeckt. Die Zufallsvariable X kann daher alle Werte von 1 bis 6 (einschließlich) annehmen:

$$1 \leq X \leq 6$$

Die Wahrscheinlichkeit, dass beim ersten Drehen ein Ass aufgedeckt wird, beträgt:

$$P(X = 1) = \frac{4}{9}$$

Die Wahrscheinlichkeit, dass beim zweiten Drehen ein Ass aufgedeckt wird, beträgt:

$$P(X = 2) = \frac{3}{9} \cdot \frac{4}{8} + \frac{2}{9} \cdot \frac{4}{8} = \frac{12}{72} + \frac{8}{72} = \frac{20}{72} = \frac{5}{18}$$

Daraus folgt:

$$P(X \leq 2) = P(X = 1) + P(X = 2) = \frac{4}{9} + \frac{5}{18} = \frac{13}{18}$$

Zufallsvariable und Erwartungswert

Zufallsvariablen beschreiben zufällige Ereignisse, die mit Zahlen verknüpft werden, z.B. ein Gewinn in Euro, der beim Glücksrad ausgezahlt wird. Eine Zufallsvariable X kann in einem Experiment k unterschiedliche Werte x_i annehmen, wobei $P(x_i)$ die Wahrscheinlichkeit der einzelnen Werte x_i beschreibt.

Der Erwartungswert E(X) einer Zufallsvariable ist der Mittelwert der Ergebnisse bei unbegrenzter Wiederholung des Zufallsexperiments. Der Erwartungswert wird berechnet, indem die einzelnen Werte x_i mit ihrer jeweiligen Wahrscheinlichkeit $P(x_i)$ multipliziert (gewichtet) werden. Anschließend werden die einzelnen Produkte addiert:

$$E(X) = \sum_{i=1}^{k} x_i \cdot P(x_i) = x_1 \cdot P(x_1) + x_2 \cdot P(x_2) + \ldots + x_k \cdot P(x_k)$$

Beispiel (wie oben, Gefäß mit 4 blauen, 3 roten und 2 gelben Kugeln):

Bei einem Glücksspiel, wird aus dem Gefäß eine Kugel gezogen und abhängig von der Kugelfarbe ein Gewinn von 0€ (blau, Niete), 1€ (rot) und 3€ (gelb) ausgezahlt:

Kugel	Gewinn x_i	Wahrscheinlichkeit $P(x_i)$	gewichteter Gewinn $x_i \cdot P(x_i)$
blau	0€	$P(blau) = \frac{4}{9}$	0€
rot	1€	$P(rot) = \frac{3}{9}$	$\frac{3}{9}$€
gelb	3€	$P(gelb) = \frac{2}{9}$	$\frac{6}{9}$€

$$E[X] = \sum_{i=1}^{k} x_i \cdot P(x_i)$$

$$= \frac{9}{9}€ = 1€$$

Der Erwartungswert für den Gewinn beträgt 1€. Bei einem Einsatz von 1€ pro Ziehung wäre das Spiel daher fair. Bei einem höheren Einsatz würde der Anbieter des Glücksspiels einen Gewinn erzielen.

Stochastik - Bernoulliformel und Binomialverteilung

4.2 Bernoulliformel und Binomialverteilung

Zur Berechnung der Binomialverteilung mit Hilfe der Bernoulliformel benötigt man Fakultäten und Binomialkoeffizienten.

Fakultät

Das Produkt der natürlichen Zahlen von 1 bis n wird Fakultät genannt:

$$n! = 1 \cdot 2 \cdot 3 \cdot \ldots \cdot n$$

Beispiele:

$$0! = 1$$
$$1! = 1$$
$$2! = 1 \cdot 2 = 2$$
$$3! = 1 \cdot 2 \cdot 3 = 6$$
$$4! = 1 \cdot 2 \cdot 3 \cdot 4 = 24$$
$$5! = 1 \cdot 2 \cdot 3 \cdot 4 \cdot 5 = 120$$

Binomialkoeffizient

Der Ausdruck $\binom{n}{k}$ heißt Binomialkoeffizient. Er gibt an, auf wie viele Arten man eine Teilmenge von k Elementen aus einer Menge mit n Elementen auswählen kann. Die Definition des Binomialkoeffizienten (mit $n \geq k$) lautet:

$$\binom{n}{k} = \frac{n!}{k! \cdot (n-k)!}$$

Beispiel:

Die Anzahl der möglichen Ziehungen beim Lotto, wobei eine Teilmenge von 6 Kugeln aus einer Menge von 49 Kugeln (ohne Zurücklegen) gezogen wird, kann mit einem Binomialkoeffizient bestimmt werden:

$$\binom{49}{6} = \frac{49!}{6! \cdot 43!} = 13.983.816$$

Pascalsche Dreieck

Niedrige Binomialkoeffizienten können sehr schnell mit Hilfe des Pascalschen Dreiecks bestimmt werden. Hierbei ergibt sich ein Binomialkoeffizient jeweils als Summe der beiden Koeffizienten, die direkt über ihm stehen:

$$\binom{0}{0}=1$$

$$\binom{1}{0}=1 \quad \binom{1}{1}=1$$

$$\binom{2}{0}=1 \quad \binom{2}{1}=2 \quad \binom{2}{2}=1$$

$$\binom{3}{0}=1 \quad \binom{3}{1}=3 \quad \binom{3}{2}=3 \quad \binom{3}{3}=1$$

$$\binom{4}{0}=1 \quad \binom{4}{1}=4 \quad \binom{4}{2}=6 \quad \binom{4}{3}=4 \quad \binom{4}{4}=1$$

$$\binom{5}{0}=1 \quad \binom{5}{1}=5 \quad \binom{5}{2}=10 \quad \binom{5}{3}=10 \quad \binom{5}{4}=5 \quad \binom{5}{5}=1$$

$$\binom{6}{0}=1 \quad \binom{6}{1}=6 \quad \binom{6}{2}=15 \quad \binom{6}{3}=20 \quad \binom{6}{4}=15 \quad \binom{6}{5}=6 \quad \binom{6}{6}=1$$

$$\binom{7}{0}=1 \quad \binom{7}{1}=7 \quad \binom{7}{2}=21 \quad \binom{7}{3}=35 \quad \binom{7}{4}=35 \quad \binom{7}{5}=21 \quad \binom{7}{6}=7 \quad \binom{7}{7}=1$$

Das Pascalsche Dreieck ist symmetrisch:

$$\binom{n}{k}=\binom{n}{n-k}$$

Besondere Binomialkoeffizienten sind:

$$\binom{n}{0}=\binom{n}{n}=1$$

$$\binom{n}{1}=\binom{n}{n-1}=n$$

Stochastik - Bernoulliformel und Binomialverteilung

Bernoulliformel und Binomialverteilung

Spezielle Zufallsexperimente mit genau zwei möglichen Ergebnissen, deren Wahrscheinlichkeiten sich nicht ändern, werden Bernoulliexperimente genannt. Beispiele hierfür sind:
- Werfen einer Münze; mögliche Ergebnisse: Wappen / Zahl
- Ziehen von Kugeln aus einem Gefäß, in dem sich nur schwarze und weiße Kugeln befinden; mögliche Ergebnisse: schwarz / weiß
- Funktionsprüfung; mögliche Ergebnisse: in Ordnung / nicht in Ordnung

Sich mehrfach wiederholende Bernoulliexperimente heißen Bernoulliketten. Zur graphischen Darstellung dieser Bernoulliketten eignen sich ebenfalls die Baumdiagramme.
Darüber hinaus können Bernoulliexperimente auch durch ihre Erfolgswahrscheinlichkeit p und die Anzahl der durchgeführten Experimente n (auch Kettenlänge genannt) beschrieben werden. Die Wahrscheinlichkeit in einem Bernoulliexperiment genau k Erfolge zu erzielen, lässt sich aus der Erfolgswahrscheinlichkeit p und der Anzahl der durchgeführten Experimente n berechnen (Bernoulliformel):

$$P(X = k) = \binom{n}{k} \cdot p^k \cdot (1-p)^{n-k}$$

Beispiel:

In einem Fußballspiel steht es nach der Verlängerung immer noch unentschieden. Jetzt muss das Spiel im Elfmeterschießen entschieden werden. Die Wahrscheinlichkeit, dass genau 4 Tore bei 5 Elfmetern fallen, beträgt bei einer Trefferwahrscheinlichkeit von 80%:

$$P(X = k) = \binom{n}{k} \cdot p^k \cdot (1-p)^{n-k}$$

$$P(X = 4) = \binom{5}{4} \cdot (0{,}8)^4 \cdot (1 - 0{,}8)^{5-4}$$

$$= \frac{120}{24 \cdot 1} \cdot 0{,}41 \cdot 0{,}2$$

$$= 0{,}41$$

Die Wahrscheinlichkeiten *P(X)* für die Anzahl aller möglichen Tore, die im obigen Beispiel bei 5 Elfmetern fallen können, sind in der nachfolgenden Wertetabelle angegeben und in einem Diagramm dargestellt (Binomialverteilung):

k	P(X)
0	0,00
1	0,01
2	0,05
3	0,20
4	0,41
5	0,33

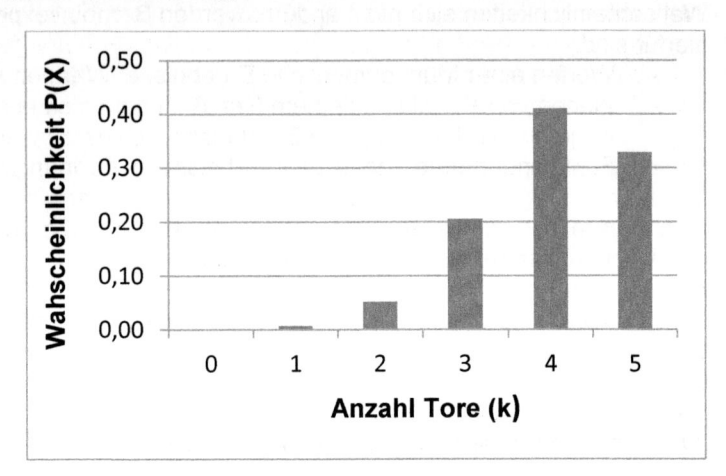

Stochastik - Bernoulliformel und Binomialverteilung

Wahrscheinlichkeit und kumulierte Wahrscheinlichkeit

In dem nachfolgenden Diagramm ist die Treffer-Wahrscheinlichkeit P(X) für einen schlechten Fußballspieler mit einer Erfolgswahrscheinlichkeit von nur $p = 0{,}4$ (bzw. 40%) bei insgesamt $k = 100$ geschossenen Elfmetern dargestellt. Das Diagramm stellt die sogenannte Binomialverteilung in der für Bernoulliexperimente typischen Glockenkurve dar.

Bei Bernoulliexperimenten ergibt sich der Erwartungswert aus der Kettenlänge n und der Erfolgswahrscheinlichkeit p. Das Maximum der Glockenkurve liegt beim Erwartungswert:

$$E(X) = n \cdot p$$

$$E(X) = 0{,}4 \cdot 100 = 40$$

Das zweite Diagramm zeigt die kumulierte Wahrscheinlichkeit (entsprechend der Summe der Einzel-Balken ab Null):

$$P_{kum}(k, X) = \sum_{i=0}^{k} P(X)$$

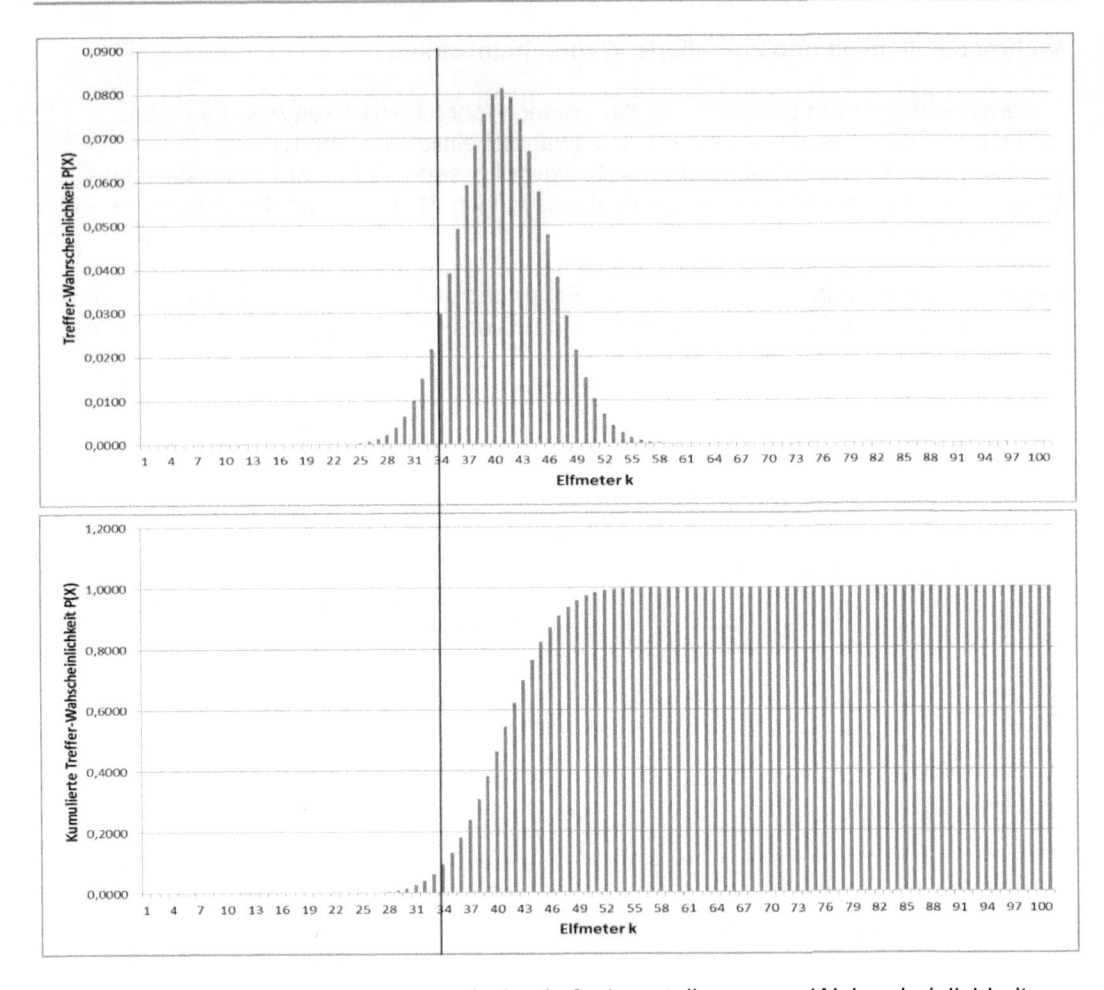

Stochastik - Bernoulliformel und Binomialverteilung

In der nachfolgenden Tabelle sind typische Aufgabenstellungen zu Wahrscheinlichkeit und Wahrscheinlichkeits-Bereichen zusammengefasst.

Die Berechnung der Wahrscheinlichkeit von (genau) 33 erzielten Toren bei 100 geschossenen Elfmetern erfolgt mit der Bernoulliformel (siehe Taschenrechner-Funktion *binompdf*).

Zur Berechnung von Wahrscheinlichkeits-Bereichen (weniger, mehr, mindestens, höchstens, von ... bis) benötigt man die kumulierte Wahrscheinlichkeit (siehe Taschenrechner-Funktion *binomcdf*). Aufgrund der Definition dieser Funktion (als Summe mit dem Index $i = 0 \ldots k$) muss die kumulierte Wahrscheinlichkeit mit dem Operator " $\leq$ " beschrieben werden. Je nach Aufgabe („mindestens" und „mehr als") benötigt man hierzu das Gegenereignis.

Stochastik - Bernoulliformel und Binomialverteilung

Aufgabe	(kumulierte) Wahrscheinlichkeit	Ergebnis
weniger als 33 Tore	$P_{kum}(X < 33)$ $= P_{kum}(X \leq 32)$	= 0,061
höchstens 33 Tore	$P_{kum}(X \leq 33)$	= 0,091
genau 33 Tore	$P(X = 33)$	= 0,030
mindestens (oder wenigstens) 33 Tore	$P_{kum}(X \geq 33)$ $= 1 - P_{kum}(X \leq 32)$	= 0,939
mehr als 33 Tore	$P_{kum}(X > 33)$ $= P_{kum}(X \geq 34)$ $= 1 - P_{kum}(X \leq 33)$	= 0,909

Im nachfolgenden Diagramm ist der Bereich von 36 bis 43 Toren (einschließlich) markiert. Für die kumulierte Wahrscheinlichkeit in diesem Bereich $P_{kum}(36 \leq X \leq 43)$ gilt:

$$P_{kum}(X \leq 35) + P_{kum}(36 \leq X \leq 43) + P_{kum}(X \geq 44) = 1$$

$$P_{kum}(X \leq 35) = 0{,}18$$

$$P_{kum}(X \geq 44) = 1 - P_{kum}(X \leq 43) = 0{,}24$$

$$\boldsymbol{P_{kum}(36 \leq X \leq 43) = 1 - P_{kum}(X \leq 35) - P_{kum}(X \geq 44) = 0{,}58}$$

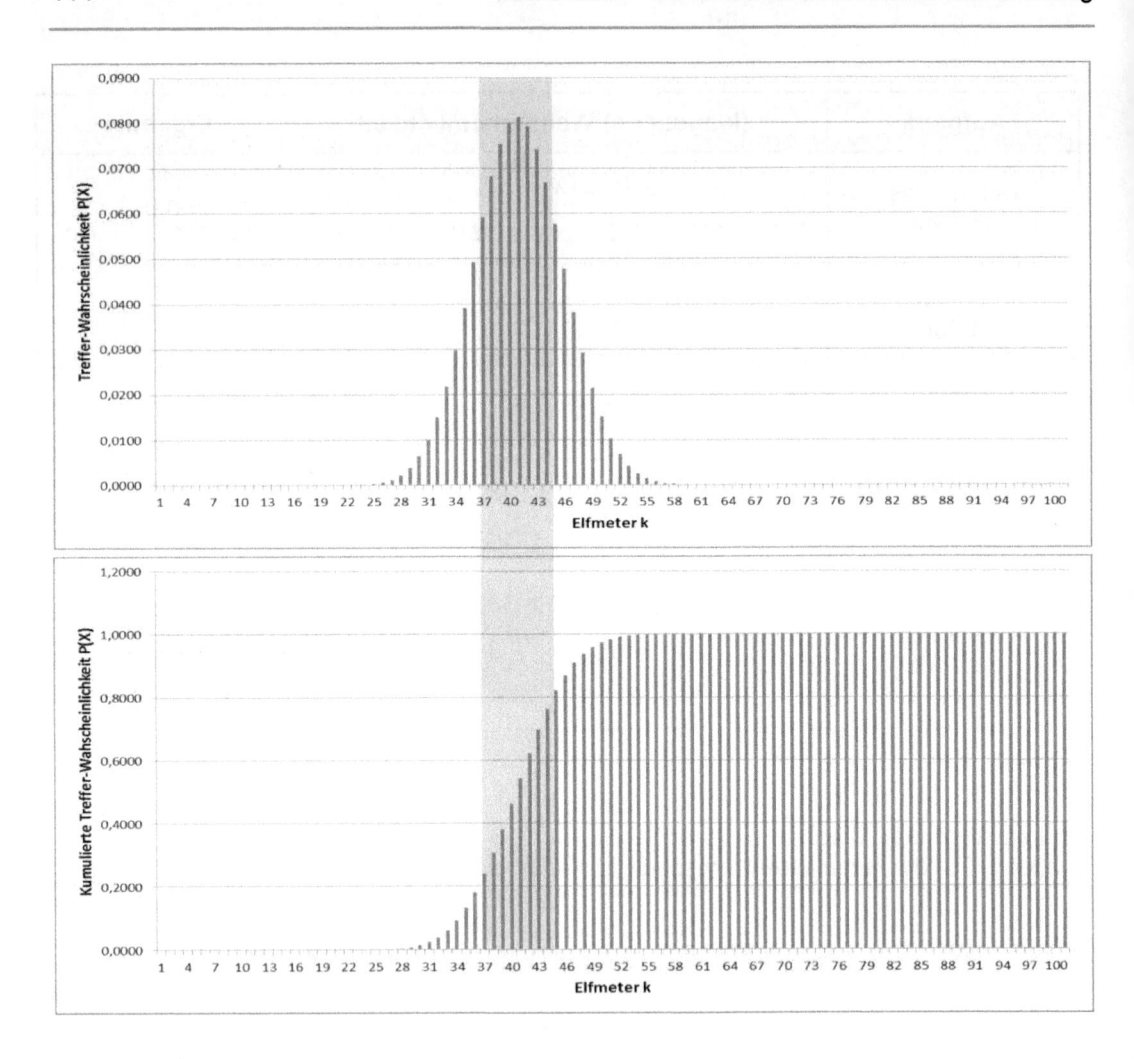

Stochastik - Bernoulliformel und Binomialverteilung

Der Fußballspieler erzielt also mit einer Wahrscheinlichkeit von 58% eine Anzahl von 36 bis 43 Toren. Die Wahrscheinlichkeit, dass er weniger Tore erzielt, beträgt 18%. Mit einer Wahrscheinlichkeit von 24% erzielt er mehr Tore.

Stochastik - Bernoulliformel und Binomialverteilung

Beispiel:

Bei der Produktion von Bleistiften beträgt der Anteil fehlerhafter Stifte erfahrungsgemäß 5%. Ein Qualitätsprüfer entnimmt der Produktion zufällig 800 Bleistifte. Die Zufallsvariable X beschreibt die Anzahl der fehlerhaften Stifte in dieser Stichprobe. Berechnen Sie $P(X \leq 30)$. Mit welcher Wahrscheinlichkeit weicht der Wert von X um weniger als 10 vom Erwartungswert von X ab?

Die Bleistifte sind entweder fehlerhaft oder nicht fehlerhaft. Die Wahrscheinlichkeit $P(X)$ ist somit binomialverteilt mit $p = 0{,}05$, $n = 800$ und dem Erwartungswert $E(X) = 0{,}05 \cdot 800 = 40$.

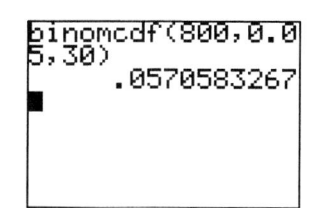

Mit dem Taschenrechner (siehe Kapitel 5, Taschenrechner) wird zunächst die kumulierte Wahrscheinlichkeit $P(X \leq 30)$ berechnet. Mit Hilfe der Funktion *binomcdf(n,p,k)* ergibt sich:

$$P(X \leq 30) = 0{,}0571$$

Die gesuchte kumulierte Wahrscheinlichkeit im Wertebereich W soll um weniger als 10 vom Erwartungswert $E(X) = 40$ abweichen:

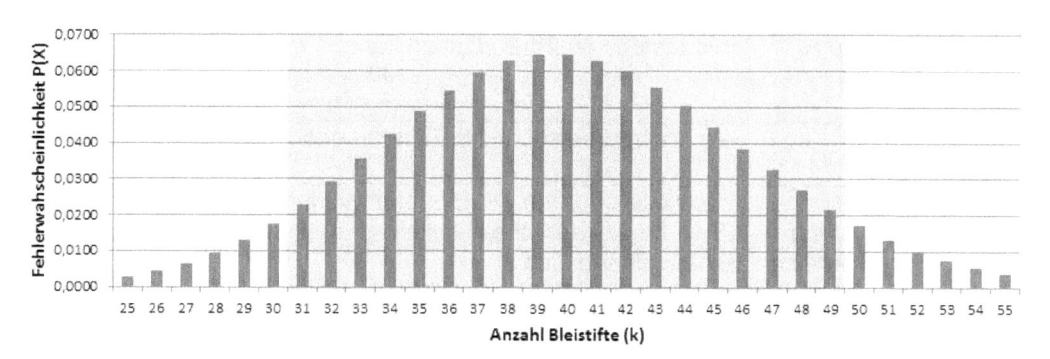

$$W = \{40 - 9; \ldots; 40; \ldots; 40 + 9\} = \{31; \ldots; 49\}$$

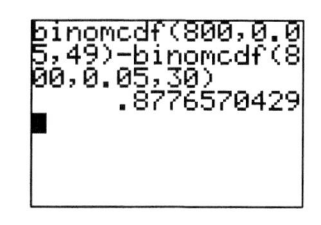

Die gesuchte Wahrscheinlichkeit für diesen Bereich wird wieder mit dem Taschenrechner bestimmt:

$$P(31 \leq X \leq 49) = P(X \leq 49) - P(X \leq 30) = 0{,}878$$

4.3 Hypothesentest

Hypothesentests werden in der Psychologie, Pädagogik oder Soziologie verwendet und dienen zur Überprüfung von Theorien oder Behauptungen. Aus einer aufgestellten Theorie (z.B. eine autoritäre Erziehung wirkt sich negativ auf die Bereitschaft zur Übernahme von Verantwortung aus) wird zunächst die Nullhypothese H_0 abgeleitet. Die Überprüfung dieser Nullhypothese H_0 erfolgt empirisch, d.h. anhand von Versuchspersonen bzw. Stichproben. Wenn sich die Hypothese bestätigt, wird die aufgestellte Theorie beibehalten. Muss die Hypothese dagegen verworfen werden, wird auch die Theorie als widerlegt betrachtet.

Während in den Sozialwissenschaften verschiedene Verteilungsfunktionen verwendet werden (z.B. Normal-, t- , χ^2-, F-Verteilung), werden in den entsprechenden Abituraufgaben nur binomialverteilte Zufallsvariablen $P(X)$ untersucht. Hierbei wird durch eine Stichprobe überprüft, ob eine vermutete Wahrscheinlichkeit als wahr angenommen werden kann (Überprüfung der Nullhypothese H_0). Alternativ kann überprüft werden, ob eine vermutete Wahrscheinlichkeit als falsch angenommen werden kann (Überprüfung der Gegenhypothese H_1).

Ein Hypothesentest besteht aus den folgenden Schritten:

#	Schnitt	Beispiel
1	Aufstellen der Nullhypothese H_0	Ein Fußballspieler behauptet, dass er mit 100 Elfmetern mindestens 80 Tore erzielen kann: $$P \geq \frac{80}{100} = 0{,}8$$
2	Definition der Stichprobe	Als Stichprobe sollen 10 Elfmeter geschossen werden.
3	Definition von Signifikanzniveau, Ablehnungsbereich und Zustimmungsbereich	Für die Stichprobe (10 Elfmeter mit der Erwartungswahrscheinlichkeit $p = 0{,}8$) ergibt sich folgende Binomialverteilung:

Stochastik - Hypothesentest

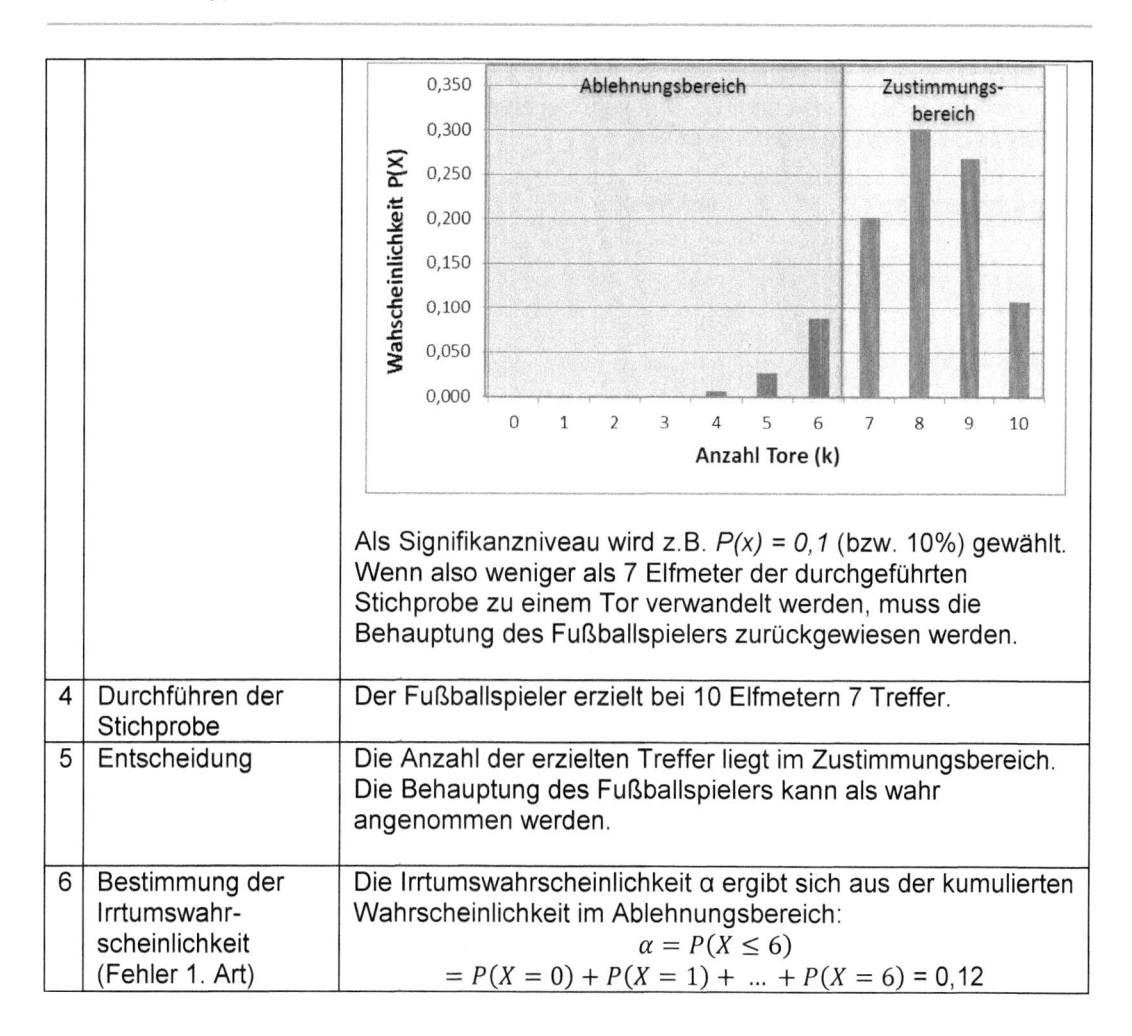

		[Diagramm: Wahrscheinlichkeit P(X) über Anzahl Tore (k) von 0 bis 10. Ablehnungsbereich von 0 bis 6, Zustimmungsbereich von 7 bis 10. Balken bei 4 ≈ 0,005; 5 ≈ 0,025; 6 ≈ 0,09; 7 ≈ 0,20; 8 ≈ 0,30; 9 ≈ 0,27; 10 ≈ 0,10.]
		Als Signifikanzniveau wird z.B. $P(x) = 0,1$ (bzw. 10%) gewählt. Wenn also weniger als 7 Elfmeter der durchgeführten Stichprobe zu einem Tor verwandelt werden, muss die Behauptung des Fußballspielers zurückgewiesen werden.
4	Durchführen der Stichprobe	Der Fußballspieler erzielt bei 10 Elfmetern 7 Treffer.
5	Entscheidung	Die Anzahl der erzielten Treffer liegt im Zustimmungsbereich. Die Behauptung des Fußballspielers kann als wahr angenommen werden.
6	Bestimmung der Irrtumswahrscheinlichkeit (Fehler 1. Art)	Die Irrtumswahrscheinlichkeit α ergibt sich aus der kumulierten Wahrscheinlichkeit im Ablehnungsbereich: $$\alpha = P(X \leq 6)$$ $$= P(X = 0) + P(X = 1) + \ldots + P(X = 6) = 0{,}12$$

Bei einem linksseitigen Hypothesentest liegt der Ablehnungsbereich im linken Bereich der Verteilungsfunktion. Entsprechend liegt bei einem rechtsseitigen Hypothesentest der Ablehnungsbereich im rechten Bereich.

Hypothesentest	linksseitig	rechtsseitig
Ablehnungs-bereich		
Nullhypothese	$H_0: P \geq \ldots$	$H_0: P \leq \ldots$
Gegenhypothese	$H_1: P < \ldots$	$H_1: P > \ldots$
Ablehnungs-bereich	$A = \{0; \ldots; k\}$	$A = \{k; \ldots; n\}$
Zustimmungs-bereich	$Z = \{k+1; \ldots; n\}$	$Z = \{0; \ldots; k-1\}$
Irrtumswahr-scheinlichkeit	α	α
kumulierte Wahrschein-lichkeit für Ablehnungs-bereich	$P(X \leq k) \leq \alpha$	$P(X \geq k) \leq \alpha$ Umformung für Taschenrechner: $1 - P(X \leq k-1) \leq \alpha$ $P(X \leq k-1) \geq 1-\alpha$

Beispiel:

Zur Produktion von Bleistiften wird eine neue Maschine eingesetzt, von der behauptet wird, dass höchstens 2% der von ihr produzierten Bleistifte fehlerhaft sind. Diese Nullhypothese H_0 soll mithilfe eines Tests an 800 zufällig ausgewählten Stiften überprüft werden. Bei welchen Anzahlen fehlerhafter Stifte entscheidet man sich gegen die Hypothese, wenn die Irrtumswahrscheinlichkeit maximal 5% betragen soll?

Stochastik - Hypothesentest

Die zu überprüfende Nullhypothese lautet: $H_0: P \leq 0{,}02$

Wenn die Anzahl der fehlerhaften Bleistifte in der Stichprobe zu groß ist, wird diese Nullhypothese abgelehnt. Daher handelt es sich um einen rechtseitigen Test mit dem Ablehnungsbereich:

$$A = \{k; k+1; k+2; \ldots; 800\}$$

Die natürliche Zahl k ist hierbei die kleinste Zahl, für die gilt:

$$P(X \geq k) \leq 0{,}05$$

Mit dem Taschenrechner können mit der Funktion *binomcdf(n,p,k)* nur kumulierte Wahrscheinlichkeiten für den linken Wertebereich $W = \{0; \ldots k\}$ der Verteilungsfunktion berechnet werden. Daher wird die obige Gleichung zunächst umgeformt:

$$1 - P(X \leq k-1) \leq 0{,}05$$

$$P(X \leq k-1) \geq 0{,}95$$

Jetzt wird die Funktion *binomcdf(n,p,k)* in den Funktionseditor des Taschenrechners eingegeben (siehe Kapitel 5, Taschenrechner).

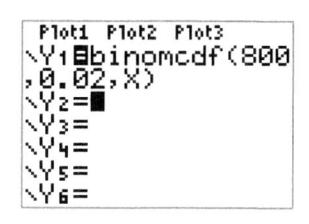

Mit Hilfe der TABLE-Funktion ergibt sich:

$$P(X \leq k-1) = P(X \leq 23) \geq 0{,}95$$

mit der gesuchten kleinsten natürlichen Zahl $k = 24$.

Die Nullhypothese wird daher abgelehnt, wenn mindestens 24 fehlerhafte Bleistifte in der Stichprobe enthalten sind. Der Ablehnungsbereich lautet:

$$A = \{24; 25; 26; \ldots; 800\}$$

5 Taschenrechner

5.1 Grundlagen

In der Oberstufe in Baden-Württemberg werden hauptsächlich die grafikfähigen Taschenrechner TI-83 Plus und TI-84 Plus verwendet. Einige Aufgaben im Wahlteil des Abiturs lassen sich einfach mit Hilfe des Taschenrechners erledigen, z.B. das Darstellen von Funktionsgraphen, das Bestimmen von Nullstellen oder das Lösen linearer Gleichungssysteme. Insbesondere im Stochastik-Teil lassen sich einige Aufgaben (z.B. Binomialverteilung und Hypothesentests) ohne Taschenrechner kaum lösen. Es lohnt sich also, zur Vorbereitung auf das Abitur mit dem Taschenrechner zu üben.

Der Funktionsumfang der Taschenrechner TI-83 Plus und TI-84 Plus ist grösser, als für das Abitur benötigt wird. Dieses Kapitel erklärt nur die für das Abitur wichtigen Funktionen.

Bildschirm

Die grafikfähigen Taschenrechner TI-83 Plus und TI-84 Plus verfügen über eine Anzeige mit einer Auflösung von 96 x 64 Bildpunkten. Je nach Anwendung schaltet der Taschenrechner automatisch zwischen dem Hauptbildschirm und dem Graphikbildschirm um. Im Hauptbildschirm des Taschenrechners werden die mathematischen Ausdrücke eingeben und die entsprechenden numerischen Ergebnisse angezeigt. Die graphische Anzeige (z.B. Darstellung und Analyse von Funktionen) erfolgt im Graphikbildschirm.

Taschenrechner - Grundlagen

Steuertasten

Fast alle Tasten sind mit mehreren Funktionen belegt. Die Erstbelegung lässt sich durch direkten Tastendruck erreichen. Für den Aufruf der Zweit- oder Drittbelegung wird eine zusätzliche Auswahl-Taste benötigt.

Taste	Funktion
ON	Einschalten des Taschenrechners. Falls der Taschenrechner längere Zeit nicht bedient wurde, schaltet er automatisch in den Standby-Modus. Nach Betätigung der Taste ON kehrt er in den ursprünglichen Zustand zurück.
2nd	Auswahl der Tasten-Zweitbelegung (gelbe Schrift links über der Taste)
ALPHA	Auswahl der Tasten-Drittbelegung (grüne Schrift rechts über der Taste)
2nd QUIT	Rückkehr aus dem Anzeigefenster oder den verschiedenen Menüs in den Hauptbildschirm
2nd OFF	Ausschalten des Taschenrechners

Eingabetasten

Diese Tasten dienen zum Einfügen, Bearbeiten, Anzeigen und Löschen von Eingaben und Ergebnissen.

Taste	Funktion
◄	Cursor nach links
►	Cursor nach rechts
2nd ◄	Cursor an den Anfang
2nd ►	Cursor ans Ende
▲	Cursor nach oben
▼	Cursor nach unten
CLEAR	Löschen der aktuellen Bildschirm-Zeile oder Löschen der Cursorposition im Editor
DEL	Löschen eines Zeichens oder Ausdrucks an der Cursorposition
2nd INS	Einfügen eines Zeichens oder Ausdrucks an der Cursorposition
X,T,Θ,n	Eingabe von Variablen
ENTER	Beenden der Eingabe und Anzeige des Ergebnisses
2nd ANS	Anzeige des letzten Ergebnisses, z.B. um es in einer weiteren Berechnung zu verwenden
2nd ENTRY	Anzeige der letzten Eingaben, z.B. um sie in einer weiteren Eingabe (abgewandelt) zu verwenden

Standardtasten

Mit den Standardtasten erfolgt die Eingabe von Ziffern, Operatoren, Klammern, Wurzeln, Potenzen, Logarithmen und Winkelfunktionen sowie die Eingabe der irrationalen Zahlen π und e. Die Taschenrechner TI-83 Plus, TI-84 Plus unterscheiden zwischen dem Vorzeichen **(-)** und dem Rechenoperator **-**. Eingaben werden mit der Taste **ENTER** abgeschlossen, um das Ergebnis anzuzeigen. Ein Gleichheitszeichen gibt es für die Eingabe nicht.

Wie bei vielen anderen Taschenrechnern ist die Bedienung für Standard-Berechnungen nahezu selbsterklärend.

Graphiktasten

Zum Einstellen der verschiedenen Graphikfunktionen des Taschenrechners dienen die blauen Graphiktasten, die unterhalb des Displays angeordnet sind.

5.2 Graphikfunktionen

Die Steuerung der verschiedenen Graphikfunktionen erfolgt mit den Graphiktasten.

Taste	Funktion
Y=	Funktions-Editor zur Eingabe von Funktionen
WINDOW	Definition zur Voreinstellung des Anzeigefensters für Funktionen
ZOOM	Verschiedene Zoom-Funktionen zur Anpassung des Anzeigefensters für Funktionen
TRACE	Funktion zum Bewegen des Cursors auf einem Funktionsgraphen und Anzeigen der Cursorposition (X, Y)
GRAPH	Funktion zum Anzeigen von einer oder mehrerer Funktionen
2nd STATPLOT	Einstellungen zur Darstellung von statistischen Diagrammen
2nd TBLSET	Einstellungen für Wertetabellen
2nd FORMAT	Einstellungen zur Anzeige für Funktionen im Funktionsfenster
2nd CALC	Durchführen von Funktionsuntersuchungen (Funktionswert, Nullstelle, Minimum, Maximum, Schnittpunkt, Ableitung, Integral)
2nd TABLE	Anzeigen einer Wertetabelle

Funktions-Editor (Y=)

Mit dem Y-Editor können bis zu zehn verschiedenen Funktionen eingegeben, bearbeitet und gespeichert werden. Die Auswahl und Bearbeitung der Funktion Y_1 bis Y_0 erfolgt mit den vier Cursor-Tasten (◄ ► ▲ ▼).

Zur Definition von Funktionstermen dienen die verschiedenen Standard-Tasten (z.B. **SIN**, **COS**) und die Variable X. Das Einfügen der Variablen X erfolgt mit der Taste **X,T,Θ,n**. Funktionen können auch über Menüs eingeben werden (z.B. **MATH**). Das Löschen von Funktionen erfolgt mit der **CLEAR**-Taste.

Funktionen können auch aus Einzelfunktionen zusammengesetzt werden (z.B. \Y_3= Y_1/Y_2), was bei komplizierteren Funktionen die Eingabe und das Setzten von Klammern vereinfachen kann. Die Auswahl der (Einzel-)Funktion erfolgt über die Tastenkombination **VARS**, Y-VARS, 1:Funktion, **ENTER**.

Funktionen, die im Anzeigefenster dargestellt werden sollen, müssen aktiviert werden, was durch ein invertiertes Gleichheitszeichen im Funktionsterm gekennzeichnet wird. Neu eingegebene oder bearbeitete Funktionen sind automatisch aktiviert. Das

Umschalten zwischen „aktiviert" und „deaktiviert" erfolgt, indem man den Cursor auf das Gleichheitszeichen bewegt und mit **ENTER** den Zustand ändert.

WINDOW-Menü

Mit diesem Menü werden die Grenzen des Anzeigefensters für Funktionen, die Skalierung der Achsen und die Pixelauflösung der anzuzeigenden Funktion definiert:

Menüpunkt	Funktion
Xmin	Linke Grenze des Anzeigefensters
Xmax	Rechte Grenze des Anzeigefensters
Xscl	Abstand der Teilstriche auf der X-Achse in Bildpunkten. Für Xscl=0 werden die Teilstriche ausgeblendet.
Ymin	Untere Grenze des Anzeigefensters
Ymax	Obere Grenze des Anzeigefensters
Yscl	Abstand der Teilstriche auf der Y-Achse in Bildpunkten. Für Yscl=0 werden die Teilstriche ausgeblendet.
Xres	Auflösung (1 bis 8) zum Zeichnen von Funktionsgraphen. Die Voreinstellung ist Xres = 1, um jeden Bildpunkt des Funktionsgraphen zu zeichnen. Für Xres = 8 wird nur jeder achte Punkt dargestellt.

ZOOM-Menü

Dieses Menü dient zur schnellen Anpassung des Anzeigefensters, z.B. um den interessanten Teil eines Funktionsgraphen darzustellen. Hierbei werden die Voreinstellungen im WINDOW-Menü verändert.

Menüpunkt	Funktion
1:ZBox	Mit den Cursor-Tasten wird von einem Startpunkt aus ein Rechteck gewählt, welches den Rand des neuen Anzeigefensters bildet
2:Zoom In	Vergrößert den Ausschnitt des Anzeigefensters um eine gewählte Cursor-Position
3:Zoom Out	Verkleinert den Ausschnitt des Anzeigefensters um eine gewählte Cursor-Position
4:ZDecimal	Setzt den Ursprung des Koordinatensystems in die Mitte des Anzeigefensters und den Pixel-Abstand in X- und Y-Richtung auf 0,1
5:ZSquare	Setzt den Maßstab in y-Richtung gleich dem Maßstab in x-Richtung
6:ZStandard	Stellt die Standard-Werte für das Funktionsfenster ein
7:ZTrig	Stellt das Anzeigefenster zur Darstellung von trigonometrischen Funktionen ein
8:ZInteger	Mit den Cursor-Tasten wird der Mittelpunkt eines neuen Anzeigefensters gewählt (mit Xscl = Yscl = 10)
9:ZoomStat	Stellt das Anzeigefenster zur Darstellung von statistischen Diagrammen ein
0:ZoomFit	Stellt die Werte für das Anzeigefenster so ein, dass die Funktion den Bildschirm voll ausfüllt. Die linke und rechte Grenze des Fensters bleiben dabei unverändert, die obere und untere Grenze des Fensters werden angepasst.

TRACE-Funktion

Durch Betätigen dieser Taste wird der Graphikbildschirm geöffnet und die aktivierten Funktionen im Anzeigefenster dargestellt. Die Darstellung entspricht den Definitionen und Einstellungen, die zuvor mit dem Funktions-Editor (zur Eingabe von Funktionen) und im WINDOW-Menü (zur Definition des Anzeigefensters) vorgenommen wurden.

Zusätzlich erscheint der Cursor, der mit den Cursortasten (◄ ►) auf dem Funktionsgraphen bewegt werden kann. Hierbei werden der Funktionsterm und das der Cursorposition entsprechende Wertepaar (X, Y) angezeigt. Mit den Cursortasten (▲▼) erfolgt die Auswahl der Funktion, falls mehrere Funktionen aktiviert sind.

GRAPH-Funktion

Wie bei der Trace-Funktion wird der Graphikbildschirm geöffnet und die aktivierten Funktionen im Anzeigefenster dargestellt. Auch hier entspricht die Darstellung wieder den Definitionen und Einstellungen, die zuvor mit dem Funktions-Editor (zur Eingabe von Funktionen) und im WINDOW-Menü (zur Definition des Anzeigefensters) vorgenommen wurden.

STAT PLOT-Menü (weniger wichtig)

Dieses Menü dient zur Auswahl der Darstellungsform für statistische Diagramme (Statistikplots). Die Eingabe dieser Diagramme erfolgt mit dem Listeneditor, welcher mit der Taste **STAT** aufgerufen wird. Mit diesem Editor können bis zu 20 verschiedene Listen eingegeben und bearbeitet werden. Die Auswahl der darzustellenden Listen erfolgt ebenfalls im STAT PLOT-Menü. Diagramme (Plot1, Plot2, Plot3), die im Anzeigefenster dargestellt werden sollen, müssen zuvor mit dem Funktions-Editor (Y=) aktiviert werden.

TBLSET-Menü

Funktionen können entweder als Funktionsgraph oder als Wertetabelle dargestellt werden. Zur Einstellung der anzuzeigenden Wertetabellen dient das TBLSET-Menü.

Menüpunkt	Funktion
TblStart	Startwert der zur berechnenden Wertetabelle
ΔTbl	Schrittweite der zur berechnenden Wertetabelle (Zweiter Wert der Tabelle = TblStart + ΔTbl)
Indpnt Depend	Zur Auswahl zwischen automatischer Berechnung (Auto) oder Eingabe nach Abfrage (Ask). In der Regel ist die automatische Berechnung ausreichend.

FORMAT-Menü (weniger wichtig)

Dieses Menü dient zur Einstellung des Anzeigefensters von Funktionsgraphen. In der Regel ist die Standardeinstellung (rechtwinkelige Koordinaten, eingeblendete Cursorkoordinaten, ausgeblendete Gitterpunkte, eingeblendete Achsen und Achsennamen, eingeblendeter Funktionsterm) ausreichend.

Menüpunkt	Funktion
RectGC PolarGC	Anzeige der Cursorkoordinaten als rechtwinkelige Koordinaten (X-Wert, Y-Wert) oder als Polarkoordinaten (Abstand, Winkel)
CoordOn CoordOff	Cursorkoordinaten ein- oder ausblenden
GridOff GridOn	Gitterpunkte ein- oder ausblenden
AxesOn AxesOff	Achsen ein- oder ausblenden
LabelOff LabelOn	Achsennamen ein- oder ausblenden
ExprOn ExprOff	Funktionsterm ein- oder ausblenden

Taschenrechner - Graphikfunktionen

CALC-Menü (sehr wichtig!)

Dieses Menü dient zur Analyse von Funktionsgraphen (Bestimmung von Nullstellen, Extremwerten, Ableitung und Integral).

Menüpunkt	Funktion
1:value	Berechnet den Funktionswert Y zu einem eingegebenen X-Wert. Dieser X-Wert muss im Anzeigefenster der Funktion (d.h. zwischen Xmin und Xmax) liegen.
2:zero	Berechnet die Nullstelle einer Funktion in einem angegeben Intervall. Dieses Intervall wird mit Hilfe der Cursortasten (◄ ►) durch eine linke Grenze (Left Bound?) und eine rechte Grenze (Right Bound?) definiert. Anschließend kann über den Cursor oder eine numerische Eingabe ein Schätzwert (Guess?) eingegeben werden. Falls im angegebenen Intervall mehrere Nullstellen existieren, wird die Nullstelle angegeben, die am nächsten zum Schätzwert liegt.
3:minimum	Berechnet das Minimum einer Funktion in einem angegeben Intervall. Die Definition des Intervalls und der Schätzwert werden wie bei der Nullstellen-Berechnung (2:zero) eingegeben.
4:maximum	Berechnet das Maximum einer Funktion in einem angegeben Intervall. Die Definition des Intervalls und der Schätzwert werden wie bei der Nullstellen-Berechnung (2:zero) eingegeben.
5:intersect	Berechnet den Schnittpunkt von zwei oder mehreren Funktionen. Die Funktionen werden mit Hilfe der Cursortasten (▲ ▼) ausgewählt. Auch für diese Berechnung kann wieder ein Schätzwert (Guess?) eingegeben werden. Falls mehrere Schnittpunkte existieren, wird derjenige Schnittpunkt angegeben, der dem Schätzwert am nächsten liegt.
6:dy/dx	Berechnet die Steigung (numerische Ableitung) einer Funktion in einem Punkt. Dieser Punkt wird mit den Cursortasten (◄ ►) festgelegt.

7:∫f(x)dx	Berechnet das numerische Integral einer Funktion zwischen einer unteren Grenze (Lower Limit?) und einer oberen Grenze (Upper Limit?). Die Grenzen werden mit den Cursortasten (◄ ►) eingegeben.

TABLE-Funktion

Durch Betätigen dieser Taste wird die Wertetabelle der aktivierten Funktionen dargestellt. Die Darstellung entspricht den Einstellungen, die zuvor im TBLSET-Menü vorgenommen wurden. Aufgrund der reduzierten Spaltenbreite werden die anzuzeigenden Tabellenwerte eventuell mit einer reduzierten Auflösung angezeigt. Die genaue Darstellung eines mit den Cursortasten ausgewählten Tabellenwertes erscheint unterhalb der Wertetabelle.

5.3 Weitere Funktionen

Zusätzlich zu den Graphikfunktionen bietet der Taschenrechner verschiedenen Funktionen, insbesondere für Aufgaben aus den Bereichen Geometrie (Matrizenrechnung) und Stochastik.

Taste	Funktion
MODE	Formatangabe für Zahlen und Graphen
MATH	Ausführen von numerischen Berechnungen
2nd DRAW	Zeichnen von Linien, Geraden und Tangenten
2nd MATRX	Matrizenrechnung, Lösung linearer Gleichungssysteme
2nd DISTR	Berechnung von Binomialverteilungen

Die Funktionen dieser Menüs werden anschließend beschrieben, wobei weniger wichtige Funktionen nicht aufgeführt werden.

MODE-Menü

Mit diesem Menu wird die Anzeige von Zahlen und Graphen eingestellt.

Menüpunkt	Funktion
Normal Sci Eng	Anzeigeformat für Zahlen: Normale Darstellung (12345.67), Exponentialdarstellung (1.234567E4) oder technische Darstellung 12.34567E3)
Float 0123456789	Fließkommadarstellung oder Anzahl der Nachkommastellen (0 bis 9)
Radian Degree	Einstellung der Winkeleinheit: Bogenmaß (2π) oder Grad (360°)

MATH-Menü

Dieses Menü dient für verschiedene numerischen Berechnungen.

Menüpunkt	Funktion
MATH 1: ▶Frac	Ausgabe einer Eingabe oder eines Ergebnisses als Bruchzahl
MATH 2: ▶Dec	Ausgabe einer Eingabe oder eines Ergebnisses als Dezimalzahl
MATH 3: ^{3}	Berechnung der dritten Potenz
MATH 4: $\sqrt[3]{\ }($	Berechnung der dritten Wurzel
MATH 5: $\sqrt[x]{\ }($	Berechnung der n-ten Wurzel
MATH 6: fMin(	Berechnung des Minimums einer Funktion zwischen zwei angegebenen Grenzen. Das Eingabeformat lautet: *fMin(f(Variable),Variable,linke Grenze,rechte Grenze).*
MATH 7: fMax(	Berechnung des Maximums einer Funktion zwischen zwei angegebenen Grenzen. Das Eingabeformat lautet: *fMax(f(Variable),Variable,linke Grenze,rechte Grenze).*
MATH 8: nDeriv(	Berechnung der numerischen Ableitung einer Funktion für einen angegebenen Wert. Das Eingabeformat lautet: *nDeriv(f(Variable),Variable,Wert).*
MATH 9: fnInt(	Berechnung des numerischen Integrals zwischen zwei angegebenen Grenzen. Das Eingabeformat lautet: *fnInt(f(Variable),Variable,linke Grenze,rechte Grenze).*
MATH 0: Solver	Numerisches Lösen von Gleichungen. Hierfür müssen die Gleichung und ein Schätzwert für die Lösung eingegeben werden. Die Berechnung erfolgt mit der Taste SOLVE (unten rechts über der Taste ENTER).
NUM 1: abs(	Berechnung des Absolutbetrags

Menüpunkt	Funktion
PRB 3: nCr	Berechnung des Binomialkoeffizienten $\binom{n}{k}$. Zuerst wird n eingeben, dann folgen der Menüaufruf und die Eingabe von k.
PRB 4: !	Berechnung der Fakultät

DRAW-Menü

Dieses Menü ermöglicht das Zeichnen von Linien, Geraden und Tangenten.

Menüpunkt	Funktion
DRAW 1: ClrDraw	Löschen aller eingefügten Linien, Geraden, Tangenten, etc. und Neuzeichnen der Funktion im Anzeigefenster
DRAW 2: Line(	Zeichnen einer Linie zwischen zwei Punkten, die mit dem Cursor definiert werden
DRAW 3: Horizontal	Zeichnen einer horizontale Gerade, die mit den Cursortasten (◄►) verschoben werden kann
DRAW 4: Vertical	Zeichnen einer vertikale Gerade, die mit den Cursortasten (▲▼) verschoben werden kann
DRAW 5: Tangent	Zeichnet die Tangente einer Funktion. Der Funktionswert wird mit den Cursortasten ausgewählt und die Tangentengleichung im Anzeigefenster eingeblendet.

MATRX-Menü

Das MATRX-Menü dient hauptsächlich zur Lösung linearer Gleichungssysteme. Insgesamt zehn Matrizen (A – J) können eingegeben werden.

Menüpunkt	Funktion
NAMES 1: [A]	Auswahl und Ausgabe der Matrix A
EDIT 1: [A]	Eingabe der Matrix A. Zuerst wird die Anzahl der Zeilen und dann die Anzahl der Spalten definiert. Anschließend erfolgt mit Hilfe der Cursor-Tasten die Eingabe der einzelnen Matrixelemente.
MATH B: rref([A])	Diagonalisieren der Matrix A nach dem Gauß-Verfahren bzw. Lösen des entsprechenden linearen Gleichungssystems. Das Argument für den Aufruf (Matrix [A]) wird ausgewählt mit NAMES 1: [1:A]. Die Anzahl der Lösungen ergibt sich aus der Anzeige der diagonalisierten Matrix: Genau eine Lösung: $\begin{bmatrix} [1 & 0 & 0 & r] & \Rightarrow x = r \\ [0 & 1 & 0 & s] & \Rightarrow x = s \\ [0 & 0 & 1 & t] \end{bmatrix} \Rightarrow z = t$ Unendlich viele Lösungen: $\begin{bmatrix} [1 & 0 & u & r] & \Rightarrow x + uz = r \\ [0 & 1 & v & s] & \Rightarrow y + vz = s \\ [0 & 0 & 0 & 0] \end{bmatrix} \Rightarrow \mathbf{0 = 0}$ Keine Lösung: $\begin{bmatrix} [1 & 0 & u & r] \\ [0 & 1 & v & s] \\ [0 & 0 & 0 & 1] \end{bmatrix} \Rightarrow \mathbf{0 = 1}$

Taschenrechner - Weitere Funktionen

DISTR-Menü

Mit Hilfe dieses Menüs können die Wahrscheinlichkeit und die kumulierte Wahrscheinlichkeit eines Bernoulliexperiments berechnet werden.

Menüpunkt	Funktion
DISTR 0: binompdf(	Berechnung der Wahrscheinlichkeit. Hierzu müssen die Anzahl der durchgeführten Bernoulliexperimente (Kettenlänge n), die Erfolgswahrscheinlichkeit p und die Anzahl der Erfolge k angegeben werden. Für n, p und k kann auch die Variable X mit der Taste $\boxed{X,T,\Theta,n}$ eingegeben werden, z.B. um das Ergebnis in Abhängigkeit dieser Variablen X in einer Wertetabelle darzustellen. Das Eingabeformat lautet: *binompdf(n,p,k)*
DISTR A: binomcdf(	Berechnung der kumulierten Wahrscheinlichkeit. Die Eingabe erfolgt wie bei der Berechnung der Wahrscheinlichkeit. Das Eingabeformat lautet: binomcdf(n,p,k) Mit dem Taschenrechner können ausschließlich kumulierte Wahrscheinlichkeiten für den linken Wertebereich $W = \{0; \dots k\}$ einer Verteilungsfunktion berechnet werden. Falls Wahrscheinlichkeiten für andere Bereiche untersucht werden sollen, müssen die entsprechenden Gleichungen in die Form $P(X \leq a)$ umgestellt werden.

5.4 Beispiele

In diesem Kapitel werden die wichtigsten Anwendungen des Taschenrechners für das Abitur zusammengefasst. Die typischen Aufgaben im Wahlteil betreffen:
- Darstellen von Funktionen
- Schnittpunkt (bzw. Lösung einer Gleichung)
- Nullstelle
- Asymptote
- Tangente
- Ableitung
- Extrempunkt
- Wendepunkt
- Integral
- Lineare Gleichungssysteme
- Wahrscheinlichkeit

Taschenrechner - Beispiele

Darstellen von Funktionen

Zeichen Sie den Graphen der Funktion $f(x) = 2 \cdot (\sin(\frac{\pi}{2}x))^2$ für das Intervall $0 \leq x \leq 4$.

MODE-Menü

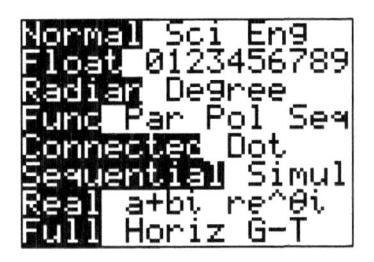

Da der Winkel der Funktion im Bogenmaß (2π) angegeben ist, wird zunächst die Winkeleinheit auf „Radian" umgestellt.

Funktions-Editor (Y=)

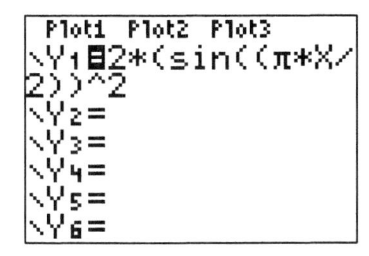

Die Funktion wird eingegeben und gegebenenfalls aktiviert.

WINDOW-Menü

Anschließend erfolgt die Definition des Anzeigefensters. Häufig ist der Koordinatenbereich in x-Richtung gegeben. Für die y-Richtung kann die ZoomFit-Funktion hilfreich sein.

TRACE- (oder GRAPH-) Funktion

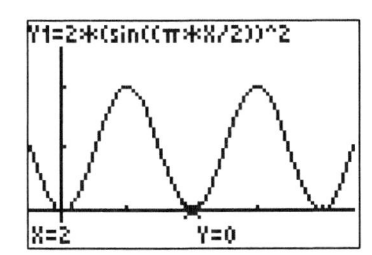

Die Funktionsgleichung, der Funktionsgraph und interessante Punkte werden angezeigt.

Schnittpunkt (bzw. Lösung einer Gleichung)

Gegeben sind die Funktionen $f(x) = 2 \cdot (\sin(\frac{\pi}{2}x))^2$ und $g(x) = 1$. Für das Intervall $0 \leq x \leq 4$ sind die Schnittpunkte beider Funktionen bzw. die Lösungen der nachfolgenden Gleichung gesucht:

$$2 \cdot \left(\sin\left(\frac{\pi}{2}x\right)\right)^2 = 1$$

Funktions-Editor (Y=)

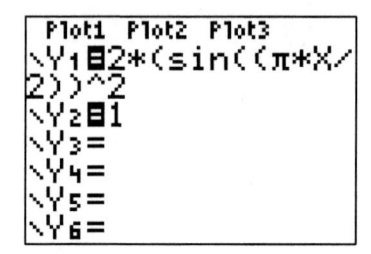

Zuerst erfolgt die Eingabe beider Funktionen.

TRACE- (oder GRAPH-) Funktion

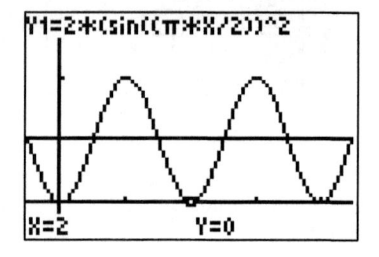

Beide Funktionsgraphen werden angezeigt.

CALC-Menü, 5:intersect

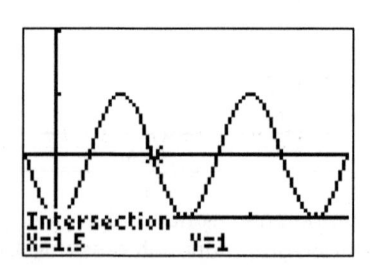

Der Cursor wird in die Nähe eines Schnittpunkts gesetzt. Anschließend erfolgt die Anzeige der Schnittpunkt-Koordinaten.

Taschenrechner - Beispiele

Nullstelle und Asymptote

Bestimmen Sie die Nullstellen und Asymptoten der Funktion $f(x) = 6 - \frac{100}{(x^2-16)^2}$.

Funktions-Editor (Y=)

```
Plot1 Plot2 Plot3
\Y1=(X²-16)^2
\Y2=6-(100/Y1)
\Y3=
\Y4=
\Y5=
\Y6=
\Y7=
```

Um die Eingabe zu erleichtern, wurde die Funktion aufgeteilt.

WINDOW-Menü

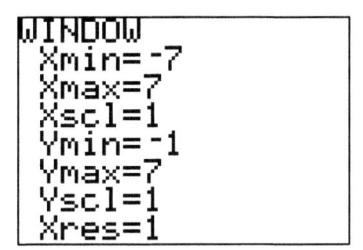

```
WINDOW
 Xmin=-7
 Xmax=7
 Xscl=1
 Ymin=-1
 Ymax=7
 Yscl=1
 Xres=1
```

Anschließend erfolgt die Definition des Anzeigefensters.

TRACE- (oder GRAPH-) Funktion

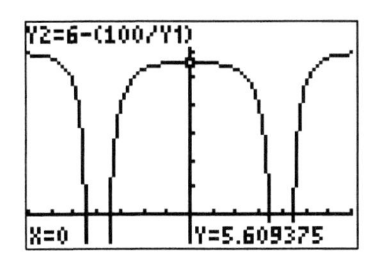

```
Y2=6-(100/Y1)
X=0        Y=5.609375
```

Der Funktionsgraph wird angezeigt.

CALC-Menü, 2:zero

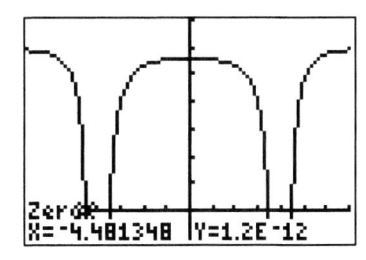

```
Zero
X=-4.481348   Y=1.2E-12
```

Mit dem Cursor wird jeweils ein Funktionspunkt oberhalb und unterhalb der x-Achse gewählt. Anschließend erfolgt die Anzeige der Nullstelle, die zwischen diesen gewählten Punkten liegt.

DRAW-Menü, DRAW 3:Horizontal

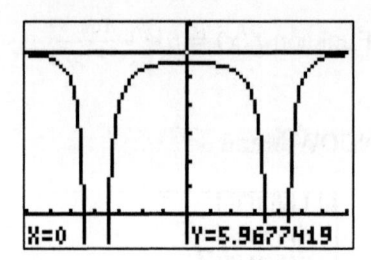

DRAW-Menü, DRAW 4:Vertical

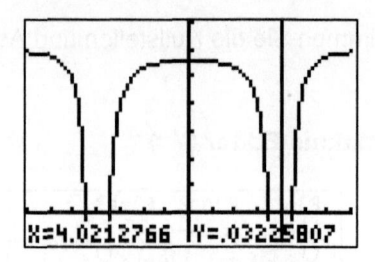

Die waagerechte Asymptote kann mit den Cursor-Tasten näherungsweise bestimmt werden.

Auch die beiden vertikalen Asymptoten werden näherungsweise bestimmt.

Taschenrechner - Beispiele

Tangente

Gegeben ist die Funktion $f(x) = -0{,}1x^3 - 0{,}3x^2 + 0{,}4x + 3{,}2$. Bestimmen Sie die Tangente der Funktion im Punkt A(-3|2).

Funktions-Editor (Y=)

```
Plot1  Plot2  Plot3
\Y1= -0.1X^3
\Y2= -0.3X²
\Y3=0.4X+3.2
\Y4■Y1+Y2+Y3
\Y5=
\Y6=
\Y7=
```

Um die Eingabe zu erleichtern, wurde die Funktion aufgeteilt.

WINDOW-Menü

```
WINDOW
 Xmin=-4
 Xmax=4
 Xscl=1
 Ymin=-1
 Ymax=4
 Yscl=1
 Xres=1
```

Anschließend erfolgt die Definition des Anzeigefensters.

TRACE- (oder GRAPH-) Funktion

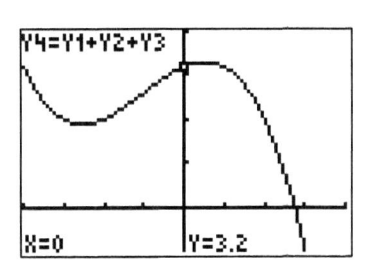

Y4=Y1+Y2+Y3

X=0   Y=3.2

Der Funktionsgraph wird angezeigt.

DRAW-Menü, DRAW 5:Tangent

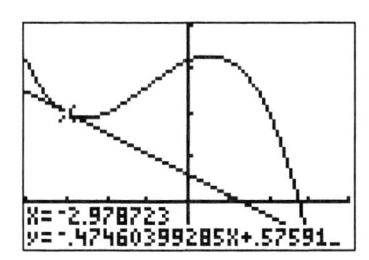

X=-2.978723
y=-.47460399285X+.57591_

Zur Bestimmung der Tangente, wird der Cursor auf den Funktionspunkt bewegt, durch den die Tangente verlaufen soll. Anschließend werden die Tangente und ihre Funktion angezeigt.

Ableitung, Extrempunkt und Wendepunkt

Gegeben ist die Funktion $f(x) = -0{,}1x^3 - 0{,}3x^2 + 0{,}4x + 3{,}2$. Bestimmen Sie das Maximum und den Wendepunkt im Bereich $-3 \leq x \leq 3$.

Funktions-Editor (Y=)

```
Plot1 Plot2 Plot3
\Y1= -0.1X^3
\Y2= -0.3X²
\Y3=0.4X+3.2
\Y4=Y1+Y2+Y3
\Y5=
\Y6=
\Y7=
```

Um die Eingabe zu erleichtern, wurde die Funktion aufgeteilt.

WINDOW-Menü

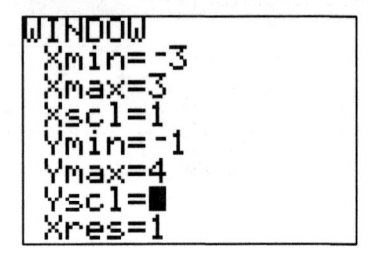

```
WINDOW
 Xmin=-3
 Xmax=3
 Xscl=1
 Ymin=-1
 Ymax=4
 Yscl=■
 Xres=1
```

Anschließend erfolgt die Definition des Anzeigefensters.

TRACE- (oder GRAPH-) Funktion

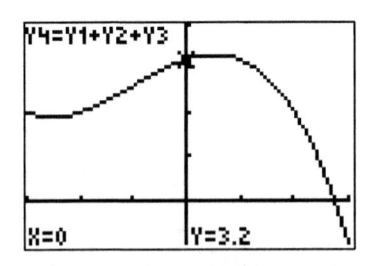

```
Y4=Y1+Y2+Y3


X=0           Y=3.2
```

Der Funktionsgraph wird angezeigt.

CALC-Menü, 4:maximum

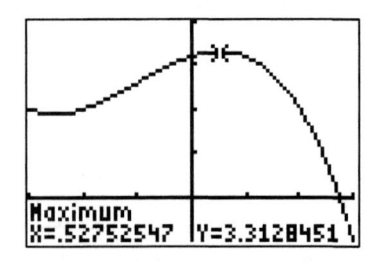

```
Maximum
X=.52752547  Y=3.3128451
```

Zur Bestimmung des Extrempunkts wird mit dem Cursor jeweils ein Funktionspunkt links und rechts des vermuteten Maximums gewählt. Anschließend erfolgt die Anzeige des Maximums.

Taschenrechner - Beispiele

Funktions-Editor (Y=), MATH 8:nDeriv(

```
Plot1  Plot2  Plot3
\Y1=-0.1X^3
\Y2=-0.3X²
\Y3=0.4X+3.2
\Y4=Y1+Y2+Y3
\Y5=nDeriv(Y4,X,
X)■
\Y6=
```

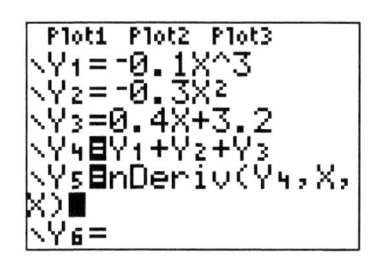

Zur Bestimmung des Wendepunktes, wird die Ableitungsfunktion $f'(x)$ als zusätzliche Funktion eingegeben.

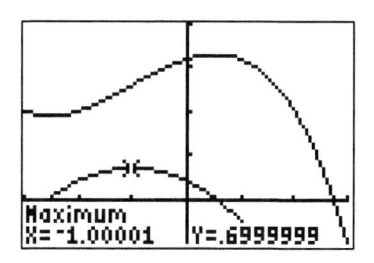

TRACE- (oder GRAPH-) Funktion

```
Maximum
X=-1.00001    Y=.6999999
```

Bei $x = -1$ besitzt $f'(x)$ einen Extremwert. Daher hat die Funktion bei $x = -1$ einen Wendepunkt.

CALC-Menü, 1:value

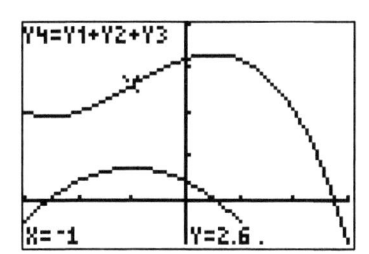

```
Y4=Y1+Y2+Y3

X=-1          Y=2.6 .
```

Abschließend wird die y-Koordinate des Wendepunks bestimmt.

Integral

Gegeben ist die Funktion $f(x) = \frac{120}{x^2+20} - 2$.
  a) Welche Fläche schließt diese Funktion mit der x-Achse ein?
  b) Welche Fläche schließt diese Funktion mit der Funktion $g(x) = 3$ ein?

Funktions-Editor (Y=)

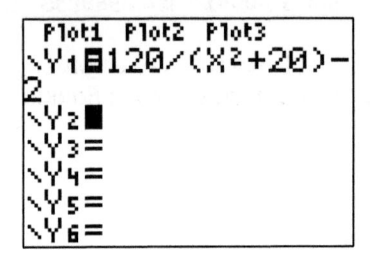

Zuerst wird die Funktion f(x) eingegeben.

WINDOW-Menü

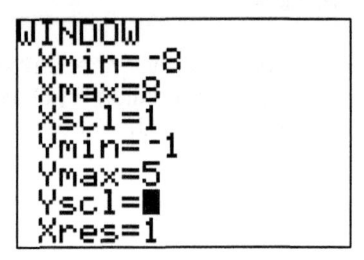

Anschließend erfolgt die Definition des Anzeigefensters.

TRACE-Funktion

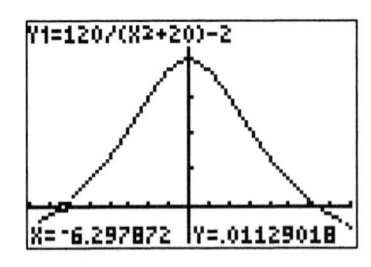

Der Funktionsgraph wird angezeigt und die Nullstellen mit dem Cursor bestimmt. Alternativ können die Nullstellen mit dem CALC-Menü (2:zero) berechnet werden.

CALC-Menü, 7:∫f(x)dx

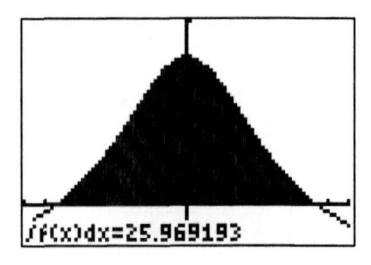

Zur Bestimmung des Integrals werden die untere Grenze (Lower Limit?) und die obere Grenze (Upper Limit?) des zu berechnenden Integrals entweder mit dem Cursor oder über die Tastatur eingegeben. Anschließend wird das Ergebnis des Integrals bzw. der Flächeninhalt angezeigt.

Taschenrechner - Beispiele

Funktions-Editor (Y=)

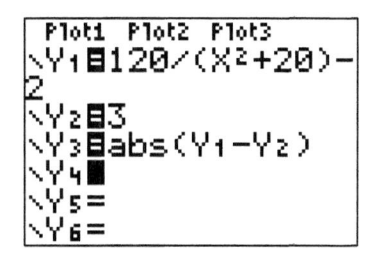

```
Plot1 Plot2 Plot3
\Y1=120/(X²+20)-
2
\Y2=3
\Y3=abs(Y1-Y2)
\Y4=
\Y5=
\Y6=
```

Zur Lösung der Aufgabe b) wird die Funktion g(x) eingegeben. Als dritte Funktion, wird der Betrag der Differenzfunktion verwendet, für die das Integral berechnet werden soll. Bei der Berechnung von Flächeninhalten zwischen Funktionen sollte grundsätzlich der Betrag verwendet werden (siehe Kapitel 2.9).

TRACE-Funktion

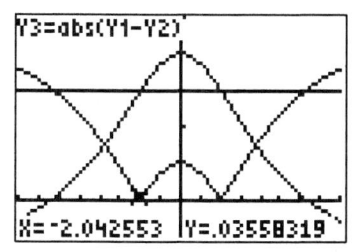

```
Y3=abs(Y1-Y2)


X=-2.042553  Y=.03558319
```

Der Funktionsgraph wird angezeigt und die Schnittpunkte von f(x) und g(x) bzw. die Nullstellen von Y_3 mit dem Cursor bestimmt.

CALC-Menü, 7:∫f(x)dx

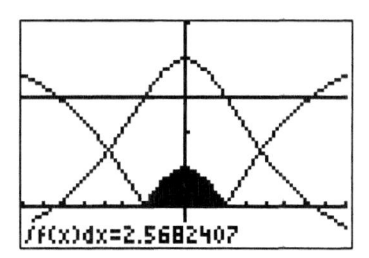

```
∫f(x)dx=2.5682407
```

Zur Bestimmung des Integrals werden wieder die untere Grenze (Lower Limit?) und die obere Grenze (Upper Limit?) des zu berechnenden Integrals entweder mit dem Cursor oder über die Tastatur eingegeben. Anschließend wird das Ergebnis des Integrals bzw. der Flächeninhalt angezeigt.

Lineare Gleichungssysteme

Welche Lösung hat das folgende Gleichungssystem?

$$4x - 4y + 6z = 0$$
$$-x + 2y - 5z = 7$$
$$3x - 4y + 7z = -6$$

MATRX-Menü, NAMES 1: [A]

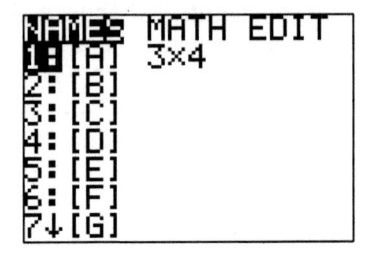

```
NAMES  MATH  EDIT
1:[A]   3x4
2:[B]
3:[C]
4:[D]
5:[E]
6:[F]
7↓[G]
```

Zuerst für die Matrix A ausgewählt.

MATRX-Menü, EDIT 1: [A]

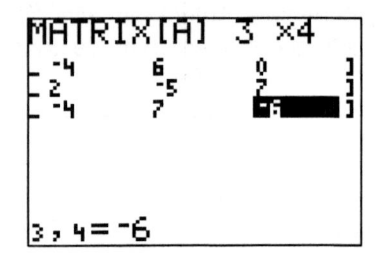

```
MATRIX[A]  3 x4
[ -4   6   0  ]
[  2  -5   2  ]
[ -4   7  -6  ]

3,4= -6
```

Danach werden die Anzahl der Zeilen und dann die Anzahl der Spalten definiert. Anschließend erfolgt mit Hilfe der Cursor-Tasten die Eingabe der einzelnen Matrixelemente.

MATRX-Menü, NAMES 1: [A]

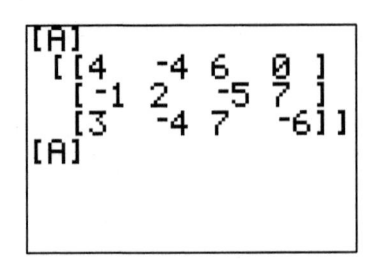

```
[A]
 [[ 4  -4   6   0 ]
  [-1   2  -5   7 ]
  [ 3  -4   7  -6]]
[A]
```

Die Eingabe der Matrix wird angezeigt und sollte noch einmal kontrolliert werden.

MATRX-Menü, MATH B: rref([A])

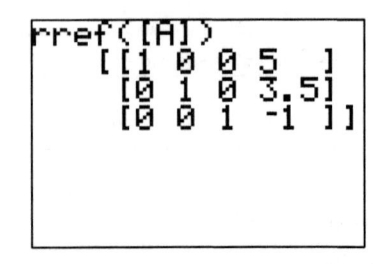

```
rref([A])
 [[1  0  0   5  ]
  [0  1  0  3.5]
  [0  0  1  -1 ]]
```

Die Matrix A (Auswahl mit NAMES 1: [1:A]) wird diagonalisert und das Ergebnis angezeigt. Das Gleichungssystem hat genau eine Lösung.

Wahrscheinlichkeit

Ein schlechter Fußballspieler schießt k = 100 Elfmeter mit einer Erfolgswahrscheinlichkeit von p = 0,4 (bzw. 40%). Wie hoch sind die folgenden Wahrscheinlichkeiten...?

Aufgabe	(kumulierte) Wahrscheinlichkeit	Ergebnis
weniger als 33 Tore	$P_{kum}(X < 33)$ $= P_{kum}(X \leq 32)$	binomcdf(100,0.4,32) .0615039101
höchstens 33 Tore	$P_{kum}(X \leq 33)$	binomcdf(100,0.4,33) .0912536035
genau 33 Tore	$P(X = 33)$	binompdf(100,0.4,33) .0297496914
mindestens (oder wenigstens) 33 Tore	$P_{kum}(X \geq 33)$ $= 1 - P_{kum}(X \leq 32)$	1-binomcdf(100,0.4,32) .9384960899
mehr als 33 Tore	$P_{kum}(X > 33)$ $= P_{kum}(X \geq 34)$ $= 1 - P_{kum}(X \leq 33)$	1-binomcdf(100,0.4,33) .9087463965

Mathe-Abi
Baden-Württemberg 2017
Prüfungsaufgaben mit Musterlösungen
ISBN: 9783741284151

Prüfungsthemen: Analysis, Geometrie und Stochastik
Für eine effektive Vorbereitung sollte man sich auf genau den Prüfungsstoff konzentrieren, mit dem erfahrungsgemäß auch in der kommenden Abiturprüfung zu rechnen ist. Dieses Buch umfasst alle Schwerpunkte der neuen Abiturprüfung.

Pflichtteil
Da sich der Aufbau des Pflichtteils in den vergangenen Jahren kaum geändert hat, kann er gut vorbereitet werden. Dieses Buch enthält die nach Prüfungsthemen geordneten Aufgaben früherer Abiturjahrgänge mit ausführlich erklärten Musterlösungen.

Wahlteil
Auch im Wahlteil lassen sich Aufgaben-Schwerpunkte erkennen, die in den vergangenen Jahren immer wieder abgeprüft wurden. Die Lösungswege werden mit vielen graphischen Darstellungen anschaulich erläutert.

Taschenrechner (GTR)
Durch den geschickten Einsatz des Taschenrechners lässt sich im Abitur viel Zeit sparen. Insbesondere im Stochastik-Wahlteil sind einige Aufgaben (z.B. Binomialverteilung und Hypothesentests) ohne Taschenrechner kaum lösbar. Die Nutzung des Grafikfähigen Taschenrechners (GTR) wird anhand vieler Screenshots verdeutlicht.